어떻게 하면 말을 잘할 수 있을까?
아나운서처럼 말하라

아나운서처럼 말하라

초판 1쇄 발행 2017년 8월 21일

지은이 정효진
발행인 박옥분
마케팅 서선교
편 집 김정웅
표지디자인 여상우
내지디자인 홍민지
제 작 천일문화사
도서주문 북스북스

발행처 도서출판 지서연
출판등록 제307-2015-30호
주 소 (10880) 경기도 파주시 신촌3로 2-21
전 화 031-942-0420
팩 스 031-942-0421
이메일 sunkyo21@naver.com

값 13,800원
ISBN 979-11-957385-2-6 (03190)
Copyright ⓒ 정효진 2017

* 이 책은 저작권법에 따라 보호받는 저작물이므로 무단전재와 무단복제를 금지하며, 이 책의 내용을 전부 또는 일부를 이용하시려면 반드시 저작권자와 〈도서출판 지서연〉의 서면 동의를 받아야 합니다.
* 잘못된 책은 구입하신 곳에서 바꾸어 드립니다.

어떻게 하면 말을 잘할 수 있을까? ── 정효진 지음

아나운서처럼 말하라

지서연

프롤로그

스피치는 이 시대를 살아가는 현대인의 경쟁력이다. 스피치를 잘하는 사람이 조직을 이끌고, 스피치로 세상을 바꾼다. 나는 아나운서로 십수 년간 활동하면서 뉴스를 전달하고 생방송을 유려하게 진행해 왔다. 또 수백, 수천 명의 대중이 참석하는 행사를 진행하기도 했지만, 유난히도 기억에 남는 일은 수많은 직업군과의 인터뷰다. 인터뷰란 특정 목적을 가지고 정보 수집을 하며 이야기를 나누는 것이다. 사전에 인터뷰이에 대한 정보를 수집하고 그것을 바탕으로 질문을 준비하고 대화를 나누며 고도의 집중력으로 상대방의 답변에 꼬리를 물고 또 다른 질문을 던져 내가 원하는 정보를 수집해야 한다. 이는 잘 듣고 말하기의 훈련이다. 어쩌면 아나운서야말로 우리가 힘겹게 여기는 '말·하·기'의 고급 훈련까지 소화해 낸 이들이라 볼 수 있다.

자신의 생각을 명확하게 전달하고 상대방에게 공감을 이끌어내 '소통'을 하고자 하는 것은 나이를 불문하고 바라는 바이다. 근래 나는 '스피치 잘하기'에 목말라하는 초등학생부터 5~60대에 이르기까지 다양한 연령층을 대상으로 스피치 강의를 하고 있다. 면접을 앞둔 취업 준비생, 미디어 인터뷰가 두려운 전문직종사자, 세일즈 종사자, 잦은 프레젠테이션이 직무의 핵심인 중간관리자, 강사, 배우, 연설문 발표가 잦은 기업임원, 기관대표 등 다양한 직업을 가진 이들이 스피치 코칭의 문을 두드린다.

"어떻게 하면 말을 잘할 수 있습니까?", "아나운서처럼 말할 수 있을까요?"라는 질문으로 상담과 코칭을 시작하는데… 분명 여러분도 말 한마디로 시선을 집중시키고, 전략가로서 준비한 프레젠테이션을 멋지게 해낼 수 있다. 모임에 참석해 자기 소개가 난감해 머리를 긁적이던 당신도 매력을 뽐낼 수 있다. 이제는 말을 못한다고 번번이 딱지를 맞던 당신도 유려한 대화의 기술로 맘에 드는 상대를 사로잡을 수 있다. 간절히 바라면 이루어진다던데, 그저 막막하기만 하고 '말하기'가 어려운 이들에게 소화제 같은, 속이 편해지는 '말하기'를 이야기하려 한다.

Contents

프롤로그 —————————————————————— 004

Part1. 스피치가 왜 어려운가 ———————— 009

Lesson 1 / 내 스피치의 문제는 무엇일까　　013
Lesson 2 / 마인드 컨트롤을 해 봐　　　　　026
Lesson 3 / 발음이 좋지 않은 것 같아요　　　035
Lesson 4 / 목소리를 바꿀 수 있을까　　　　050
Lesson 5 / 말하는 습관을 고치자　　　　　066
Lesson 6 / 나는 누구에게 말하려고 하는가　075
Lesson 7 / 나는 무엇을 말하려고 하는가　　087

Part2. 스피치로 집중시켜 봐 ———————— 095

Lesson 1 / 눈이 가고 귀가 열리는 말　　　　097
Lesson 2 / 너와 나의 연결고리　　　　　　　103
Lesson 3 / 스토리텔링　　　　　　　　　　　114
Lesson 4 / 마인드맵　　　　　　　　　　　　123
Lesson 5 / 세련된 어휘, 매력적인 스피치　　135

Part3. 스피치로 보여 주자 — 157

Lesson 1 / 표정으로 말하기   161

Lesson 2 / 몸으로 말하기   172

Lesson 3 / 소리로 말하기   185

Part4. 스피치는 연습이다 — 201

Lesson 1 / 낭독 훈련   203

Lesson 2 / 1분 스피치 훈련   209

Lesson 3 / 듣고 말하기 훈련   211

Lesson 4 / 리허설   213

실용적인 고사성어&속담

· 실용적인 고사성어 100   218

· 실용적인 속담 100   229

Part 1.
스피치가 왜 어려운가

나는 지난 십 년간 방송을 하면서 유난히 공부가 많이 필요한 프로그램을 거듭 맡아왔다. '대본이 있는데 무슨 공부를 해야 하나'라고 의문을 갖는 분들도 있을 것이다. 앞으로 이 부분에 대해서도 언급할 것이다. 모든 진행은 사전에 관련 지식에 대한 학습을 전제한다. 나는 수년간 생방송 진행자로서 전문가와 일반인의 상담을 연결하는 프로그램을 이끌었고 다양한 분야 전문가와의 인터뷰 경험도 쌓았다. 물론 생방송이라도 정해진 시나리오가 있다. 하지만 단 몇 초만 긴장을 늦춰도 돌이킬 수 없는 방송 사고가 날 만큼 변수가 많다. 어떤 이는 우스갯소리로 생방송은 그 횟수만큼 수명을 단축하는 일이라고도 했다. 생방송 경력이 많은 내 수명도 꽤나 짧아졌으리라. 또한 다양한 인터뷰를 경험하면서 나는 어떻게 하는 것이 말을 잘하는 것인지에 대한 나름의 법칙도 만들 수 있었다.

나는 얼마나 상대의 말에 귀 기울이는지 생각해 보자.

상대방의 이야기에 경청해야만 내가 말할 수 있기 때문이다.

내가 잘 듣고, 잘 들은 것을 순발력 있게 정리하고 답변하는 것은 대화를 이끌어가는 노하우가 집약되어야 가능한 일이다.

말을 잘한다는 것은 내 말을 잘 들리게끔 하는 것이다.

    우리나라 국어 교과과정은 훌륭하다. 말하기/듣기, 쓰기, 읽기 교과 과정이 모두 포함되어 있다. 하지만 영어에 지나치게 편중된 학습 때문에 좋은 국어 교육과정을 충분히 학습하지 못했던 것 같다. 제대로 말하기를 연습할 기회가 없었고 한국어 교육을 제대로 받지 못했다고 해도 과언이 아니다. 그래서 상대에게 잘 들리게끔 말하지 못하는 것이다.

    학창시절 영어학습을 한번 떠올려보자. 듣기가 될 때 비로소 입이 열린다고 했다. 듣기평가를 얼마나 열심히 했던가? 영어단어, 숙어를 얼마나 정신없이 외웠는가? 문법을 배우고 구문을 통째로 외우고 작문을 하고, 참 열심히 했다고 모두가 자부할 것이다. 영어유치원부터 시작하는 요즘 아이들과 순서가 다를 뿐 영어에 매진한 세월은 부족하지 않다.

한국인이 한국어를 제대로 모른다는 말이다. 한국어능력시험을 한 번이라도 본 적이 있다면, 우리말이 세상에서 가장 어렵다고 느낄 것이다. 이제부터라도 한국어로 말하기를 연습해 보자. 뒤늦은 걸음마일지언정 연습하면 된다. 어떻게 연습하느냐에 달려 있고, 얼마나 의지를 갖고 하느냐에 따라 결과를 얻을 것이다. 당찬 각오가 준비됐다면 각자 자신을 돌아보는 것부터 시작하자.

Lesson 1 |
내 스피치의 문제는 무엇일까

최근 스피치의 중요성은 더 이상 언급하지 않아도 될 정도이다. 우후죽순 스피치 교육기관이 생겨나고 기업과 공공기관에서도 스피치 교육을 진행한다. 대학에서도 스피치 관련 교양과목이 인기리에 마감된다. 직장생활에서는 말과 글이 차지하는 중요성이 절대적이다. 발표 능력이 경쟁력이 되고, 조직 내에서의 원활한 소통 능력은 핵심 업무역량으로 평가받는다. 그래서 조직에서는 인재를 채용할 때 '스피치' 능력을 더욱 높게 평가하는 추세다. 몇 해 전부터는 영어공인성적만이 아니라, 한국어능력시험 성적을 입사 기본 조건으로 추가하는 기업도 늘어나고 있다.

얼마 전 전경련(전국경제인연합회)이 주요 21개 그룹의 대졸 공채를 분석한 결과를 보면 롯데, 포스코, GS, 현대중공업 등 10개 그룹이 학교, 전공 등 신상정보를 삭제한 블라인드 면접을 도입했다. 현대모비스는 하반기 공채 연구개발 직군의 경우, 기존 토의 면접 대신 전문 분야에 대한 PT 면접으로 직무 능력을 평가한 바 있다. 또 아모레퍼시픽은 일대일 인터뷰에서 5분 스피치를 진행한다. 2016년 서울시와 지방직 공무원 면접의 경우, 7급 공무원은 '집단토론'을 추가했고(면접시간 105분), 9급 공무원은 '5분 스피치'(면접시간 40분)를 추가했다. 이렇게 입사 시 경쟁력으로 통하는 스피치 능력을 향상시키기란 막연하고 어렵게 느껴진다. 스피치를 변화시키려면 분명 많은 시간과 노력을 투자해야 한다. 무작정 스피치 학원에 다닌다고 언젠가 말을 잘하게 되는 것은 아니다.

내 스피치 능력은 오랜 시간 나의 역사 속에서 만들어지고 다듬어지며 나의 것이 되었다. 내가 어렸을 때 엄마가 붙여준 별명이 있었다. '지휘하는 일인다역 배우'. 무거운 책가방을 어깨에 둘러맨 채 대여섯 명의 친구들 앞에서 온몸으로 표현하며 혼자 떠들고 있는 것을 집에서 내려다보고 있던 엄마가 지어준 별명이었다. 당시 친구들은 직접 TV 드라마를 보는 것보다 내가 해주는 드라마 이야기가 더 재미있었다고 했다. 장희빈의 표독스런 눈빛과 어조를 열정적으로 따라 하는, 재연배우 같던 모습은 지금도 기억이 생생하다. 집에서는 동생과 옆집 아이들에게 책을 읽고 이야기해주는 '보따리 언니'를 자청했다. 나는 그렇게 어릴 적부터 천부적인 수다쟁이였다. 말하는 것이 재미있었고, 내 말을 듣는 이의 반응을 보며 점점 더 재미있게 말하고 싶은 욕심이 커졌다. 자연스럽게 말하기 연습을 매일 하게 되었고 각종 스피치 대회와 글짓기 대회에서 입상하고 '말하는 직업'을 꿈꾸기 시작했다.

다국적기업 인사담당자였던 아버지는 매주 한 권의 책을 나와 함께 읽고 전지를 접어 키워드를 적는 과제를 냈다. 그리고 매주 일요일에는 전지를 거실 벽에 붙이고 발표를 시켰다. 그뿐만 아니라 아버지는 매일 일과를 논리정연하게 설명해보라고 시켰는데 무엇을, 어떻게, 왜 하고 싶은지를 표로 작성하고 설명해야 했다. 당시 국민학교를 다니던 내가 프레젠테이션이 무엇인지 알았겠는가. 내가 기억하는 일요일은 TV를 켜면 아침부터 재미난 만화를 볼 수 있기에 손꼽아 기다리는 날이 아니었다. 내게 일요일은 토요일 밤부터 끙끙 앓는 소리를 내며 시간이 멈추길 바라던 날이었다. 이토록 어렵고 무의미한 것을 도대체 왜 해야 하는지 도저히 알 수가 없었다. 그저 아버지를 가부장적이고 답답한 사람이라고 생각했다. 지금 생각해보면 말할 내용을 정리하는 일은 나의 일상이었고 의도치 않게 나는 읽고 쓰고 말하고 듣는 훈련을 지독하게 한 셈이다.

당신의 역사는 어떠한가? 유년 시절, 청소년기, 20대의 당신을 떠올려 보자. 조용한 가정 분위기에 기죽어 발뒤꿈치를 들고 살금살금 다녀본 일이 있는가. "남자는 말이야, 자고로 말이 많으면 안 돼.", "어디 어른이 말하는데 토를 달아." 시대가 달라졌다고 해도 여전히 이렇게 가부장적인 가정에서 자란 분들이 있다. "발표해 볼 사람? 3분단 4째줄" 하고 호명되었을 때 심장 박동이 빨라져서 당황한 적은 있는지. 반장선거에서 나를 뽑아달라고 외친 적은 있는지. 학원에 더 이상 다닐 이유가 없다고 일목요연하게 부모님을 설득해 본 경험은 있는지. 신입생 환영회나 동아리 가입 후 자기소개에서 내 이름 석 자 외엔 달리 할 말이 떠오르지 않은 경험은 있는지. 소개팅에서 할 말이 없어 휴대폰만 만지작만지작 나도 모르게 발을 떨고 눈을 깜빡거리지는 않았는지. 입사지원서와 자기소개서를 수십 번 쓰면서 흔하고 흔한, 고리타분한 말을 늘어놓고 있지는 않았는지. 프로젝트 수주를 위해 프레젠테이션을 석 달 동안 준비했지만 막상 연단에 오르니 머릿속이 백지장처럼 하얗게 되어 프레젠테이션을 망쳐 본 일이 있는가. 내 분야의 전문가임을 자부하지만 대중 앞에서 연구 실적이나 아이디어를 발표하려는 순간 눈동자는 빙글빙글 돌고 숨이 막히며 고산지대에 오른 것처럼 아찔한 경험을 해 본 일이 있을 것이다. 아침에 눈뜨면 입을 열고 말을 하는데 왜 막상 제대로 말해야 하는 순간이 되면 우리는 멘붕이 될까?

나는 스피치 첫 수업 날엔 각자의 이야기를 상세히 들어보려고 한다. 모두가 말을 잘하고 싶다는 목표와 열정은 같지만, 각자가 가진 문제점은 다르기 때문에 좀 더 그 사람에 대해 알 필요가 있다. 지난 세월의 환경, 개별적인 성향과 행동이 지금 나의 말을 만들었다. 그렇다면 바꿀 수 없는 것일까? 하면 된다. 안 되는 게 어디 있겠는가. 이렇게 나를 돌아보면서 나의 성향과 역사를 파악한다면 지금 내 스피치의 문제가 무엇인지 알게 될 것이다.

🎤 내 스피치의 문제점은?

1. 나는 일대일 대화는 편하지만 대중스피치는 어렵다. ☐

2. 나는 대중 앞에 서서 말하기에 능하지만 일대일 대화가 어렵다. ☐

3. 나는 말할 때 다른 사람의 눈을 마주 보는 것이 어렵다. ☐

4. 나는 말할 때 적절한 표현이 떠오르지 않는다. ☐

5. 나는 목소리가 안 들린다는 지적을 자주 받는다. ☐

6. 나는 크게 소리를 질러도 안 들린다는 지적에 화가 난다. ☐

7. 나는 종종 고유명사를 잘못 사용하는 경우가 있다. ☐

8. 나는 얘기를 하다가 정작 하려던 말을 못 하고 지나가는 경우가 많다. ☐

1. 나는 일대일 대화는 편하지만 대중스피치는 어렵다.

다수 앞에 서 본 경험이 적어서일 것이다. 뭐든 해 보면 는다. 학창 시절 나서서 반장, 회장을 했던 이들은 확실히 말을 잘한다. 기본적인 리더십도 있지만 자리가 사람을 만든다고 등 떠밀려서 리더가 됐다고 해도 의도치 않게 다수 앞에서 말해야 하는 상황이 많다. 자꾸 하면 늘게 되어 있다. 성인이 된 후 습관이나 문제점을 고치기 힘든 이유는 생사가 걸린 정도의 일이 아니라면 어렵다는 이유로 쉽게 피해버리기 때문이다. 그래서 성인의 경우 입사 면접을 앞두고 억지로 스피치를 배우러 교육장 문을 두드리는 것이다. 첫걸음은 뗀 것이다. 이제 시간과 노력이 필요하다. 부딪혀라. 벽을 보고 혼잣말이라도 해야 할 때다. 스피치 기회가 주어졌을 때 손사래 치며 거절하지 말고, 자처해서라도 동창회, 동호회에서 인사말이나 건배사를 자꾸 해보려 노력해야 한다.

2. 나는 대중 앞에 서서 말하기에 능하지만 일대일 대화가 어렵다.

대중 앞에서 강의나 발표를 할 때는 내가 이미 잘 아는 것에 대해 준비한 내용을 전달하는 것이기 때문에 편하다. 하지만 일대일로 개인적인 질문에 답하는 것은 두려운 것이다. 특히나 친밀하지 않은 사람들에게 노출되거나 타인으로부터 심사나 평가를 받는 상황에 있고 그런 일을 수행해야 한다면 심한 불안감과 공포를 느낄 수 있다. 이를 없애려면 마인드 컨트롤과 성공 경험이 필요하다. 또한 나 자신에 대해 자세히 진실하게 알아볼 필요가 있다. 질문에 대해서도 거짓이 아닌 내가 말하고 싶은 것까지만 진실 되게 말하면 된다. 강의나 준비한 내용 역시도 이제는 한 단계 발전시키려면, 양방향 대화에 능통해야 한다.

3. 나는 말할 때 다른 사람의 눈을 마주 보는 것이 어렵다.

마냥 발끝을 보고 말하는 이들이 있다. 말하다가 눈이라도 마주치면 말을 더듬고 할 말을 잃어서 난감해하는 경우를 봤다. 대개 일대일 대화를 어렵게 여기는 경우 눈을 피하며 말하는 것을 자주 볼 수 있다. 눈은 미묘한 감정을 표현하기에 탁월한 수단이다. 그래서 눈을 마주하면서 말하는 것은 나의 말에 상대를 공감시키고 설득하는 힘을 가진다. 그런데 이것이 어렵다면 내 말을 상대에게 믿게 할 수 없다. 면접을 준비하는 중이라면 이 부분을 서둘러 개선해야 한다. 면접관의 눈을 피해 시선이 바닥으로 떨어지는 순간 자신감도 바닥으로 떨어지고 면접에서도 떨어지게 된다. 미국이나 유럽에서는 상대방과 대화를 할 때, 시선을 마주치는 것을 예의 바르다고 생각하고 시선을 피하는 것은 부정직하다고 여긴다. 동방예의지국인 우리나라는 수직관계에서 눈을 보고 대화하는 것을 꺼린다. 어렸을 때 "어른이 말씀하시는데 눈을 똑바로 보고 말을 하니?"라는 꾸중을 들은 것이 트라우마라면 이제 훌훌 털어버리자. 더 이상 내게 호되게 야단을 치는 이는 없다. 내가 사기 치는 것이 아니라면 당당하게 상대의 눈을 바라보자. 내가 미처 전하지 못한 말, 숨은 감정까지 눈으로 전할 수 있다. 내 눈을 보고 말해요~

4. 나는 말할 때 적절한 표현이 떠오르지 않는다.

연애편지나 고백 메시지를 쓸 때를 떠올려 보자. 멋진 표현을 찾아 영화 명대사도 찾아보고 드라마 주인공들의 대사, 책 속의 멋진 글귀도 검색해 본다. 말할 때 나의 생각을 표현할 단어가 없다면 평상시 습관부터 돌아볼 필요가 있다. '빨간색'을 표현하는 다양한 단어를 한 번 적어보자. 5가지는 떠오르는가? 논술 준비를 할 때, 영어 공부를 할 때 단어와 상용어구를 정신없이 외우지 않았는가? 쓸 말이 떠오르지 않아서 "아, 그거 있잖아" 혹은 "그런 거 뭐더라" 등등 컴컴한 머릿속을 헤매고 있거나 상대에게 표현을 떠넘기고 있다면 당장 독서 계획을 세워라. 아침에 눈을 뜨면 습관처럼 '좋아요'만 누르고 있지는 않은지, 진득하게 앉아서 책 한 권을 독파해 본 것이 언제인지 돌아보자. 독서 부족이다. 심지어 요즘은 신조어가 난무한다. 단어와 표현을 내 것으로 만들어라.

5. 나는 목소리가 안 들린다는 지적을 자주 받는다.

사람들에게 "뭐라고? 안 들려, 못 들었어."라는 말을 자주 듣는다면, 말할 때의 소리에 대해 점검해 봐야 한다. 호흡이 가장 문제일 것이다. 정말 작은 소리로 말하고 있는지, 소리가 앞으로 나아가지 않고 입안에서만 머물고 있는지. 원인을 찾아 소리를 바꾸는 연습을 하면 된다.

6. 나는 크게 소리를 질러도 안 들린다는 지적에 화가 난다.

성량이 작지 않고 소리를 지르면서 말하는 데도 말이 잘 안 들리는 경우가 있다. 목소리가 작은 경우 나는 입 모양을 보고 말의 내용을 파악해보려고 한다. 하지만 이런 경우는 입 모양을 보면 더더욱 알 수가 없다. 당신의 발음이 잘못된 경우일 수 있다. 입을 정확히 안 벌리고 웅얼웅얼하는 혼잣말을 알아들을 수 있는 사람은 거의 없다. 말은 의미 전달이 잘되어야 한다. 내가 얼마나 제대로, 정확하게 발음하는지 체크해 보자.

7. 나는 종종 고유명사를 잘못 사용하는 경우가 있다.

내 지인 중 몇몇은 고유명사를 잘못 사용하는 일이 다반사다. 잠시 단어가 떠오르지 않아서가 아니다. 예를 들어 숟가락을 달라고 해야 하는데 병따개를 달라고 한다거나, 여름휴가에 놀러가자는 말을 여름공휴일에 놀러가자고 하는 식의 표현이다. 생선을 먹자고 하면 듣는 이는 회를 먹자는 것인지, 생선구이를 먹자는 것인지, 생선찜인지 조림인지 알 수 없다. 말하는 이 혼자만 생선회를 떠올리며 생선을 먹자고 하면 듣는 이는 되묻게 된다. 때로는 말을 시작할 때 잠시 머뭇거리고도 단어를 떠올리지 못해 답답해하는 경우도 봤다. 단어의 정확한 뜻과 쓰임을 모르는 것이다. 단어의 상위 하위 개념 정립도 안 되어 있는 경우가 많다. 성격이 급해서 잘못된 표현을 고쳐 주면 그냥 얼버무리고 넘어가려고만 한다. 기초 초등교육의 문제일 수도 있지만 다른 이의 말에 경청하지 않는 습관이 강한 탓이다. 한마디로 고집불통에 성격은 급하고 화를 잘 내는 성향이다. 마음에 여유를 가지고 다른 사람의 말을 듣는 연습이 필요하다. 그리고 내가 하려는 말을 머릿속에서 구조화한 후 말하는 연습을 해 보자.

8. 나는 얘기를 하다가 정작 하려던 말을 못하고 지나가는 경우가 많다.

막상 말을 시작했는데, 얘길 하다 보면 정작 하려던 말을 하지 않고 다른 주제로 말을 끝맺었거나, 하려던 말이 내 머릿속에서 감쪽같이 사라진 경우다. 흔히 삼천포로 빠진다고 하는 스피치다. 이런 경우에는 쓰기 연습이 필요하다. 글을 많이 써 본 사람들은 서론, 본론, 결론 혹은 기승전결로 이야기 정리를 잘한다. 핵심 메시지를 전달하는 방법을 익혀야 한다. 말의 순서를 정할 필요가 있다.

🎙 유형별 스피치 점검

1. 아는 게 많지 않고 말도 어눌한 유형

많은 시간을 들여서 부지런하게 스피치 훈련을 해야 한다. 말할 거리와 말하는 방법을 모두 습득해야 하기 때문이다. 일단 인터넷에 떠도는 가십거리 말고 교양을 쌓을 수 있는 책을 찾아보자. 그리고 스피치 방법을 하루도 거르지 말고 연습해야 한다.

2. 무식하지만 말은 잘하는 유형

대화를 이끌어 가다 밑천이 부족해 대화가 중단된 적은 없는지 확인해보자. 스스로 말을 잘한다고 생각하더라도 청자의 입장에서 돌아볼 필요가 있다. 청자가 내 말의 의도를 완전히 이해하고 있는지 살펴봐야 한다. 내가 말하고자 하는 바가 상대에게 잘 전달되는지가 중요하다. 쉼 없이 말하는 수다가 아니라 나의 의도대로 상대를 설득할 수 있어야 한다. 설득력 있게 말을 하려면 논리가 필요하다. 논리는 지식 속에 있다.

3. 유식하지만 말이 어눌한 유형

나름 한 분야의 전문가라고 자부하는데 그 지식을 말로 꺼내는 과정이 힘들다고 매일 느끼고 있는가. 말로 소통하는 것보다는 이메일이나 서류로 소통하는 것이 훨씬 편하다는 생각이 드는가. 당신과 마주한 청자는 이미 인내심을 갖고 당신의 말을 들을 준비가 되어 있다. 당신 역시 가치 있는 이야기를 들려줄 준비는 충분히 되어 있다. 말하는 방법만 연습하면 된다. 머지않아 분명 잘해 낼 수 있을 것이다. 하루도 빠짐없이 연습하자.

4. 박학다식하고 말도 잘하는 유형

지적할 점이 없다고 생각할 수 있지만 그래도 자신의 스피치를 돌아보자. 내 말에 청자가 집중하고 있는지, 혹 미움을 산 적은 없는지, 나 중심의 대화를 하고 있지는 않은지 살펴보자.

5. 박학다식하고 말도 잘하면서 집중하게 만드는 유형

백 점 만점에 백 점이다. 손석희 앵커와 토론을 해도 충분하니 자신감을 가져도 된다.

TIP. 실전 같은 연습으로 두려움을 이겨라

스피치에 대한 두려움을 이겨내는 최고의 방법은 반복적인 '연습'이다. 다만 연습을 반드시 실전처럼 해야 한다는 전제가 깔려 있다. 예를 들어 프레젠테이션 날짜가 정해졌다면 실전과 같은 방법으로 진행해보는 것이 좋다. 스피치에 대한 두려움이 큰 사람은 프레젠테이션 당일은 물론이고 준비 과정에서도 초조하고 긴장된 마음을 주체하기 어려울 때가 많다. 이런 두려움을 떨쳐내려면 실전을 몇 번이고 반복하는 방법으로 연습을 하는 것이 좋다. 전체 스피치의 시간까지도 완벽하게 체크해서 현장에서 진행되는 느낌으로 해야 한다. 이왕이면 가족이나 친구에게 부탁해서 나의 스피치를 들어주는 사람이 있는 상태에서 연습하는 것이 좋다. 그래야 내 스피치의 약점을 객관적으로 찾아내기도 쉽다. 이런 방식으로 한 번이 아니라 몇 번의 연습을 실전과 똑같이 진행해보자. 실전에 임하듯 연습을 반복하면 스피치 실력도 늘어나지만 스피치에 대한 두려움도 차츰 줄어들게 된다.

Lesson 2 | 마인드 컨트롤을 해 봐

　2016 리우 올림픽에서 박상영 선수의 펜싱 경기가 큰 조명을 받았다. 비단 그가 금메달을 땄기 때문만은 아니다. 마지막 세션을 앞두고 호흡을 가다듬는 그의 얼굴을 카메라가 클로즈업하며 응시했다. 그 순간 박상영 선수는 '할 수 있다. 나는 할 수 있다.'를 연거푸 중얼거리기 시작했다. 관중석 누군가의 긍정의 외침을 그가 입으로 소리 내 따라 하며 금메달의 쾌거를 이루었다. 이처럼 소리 내어 주문을 외우는 것은 정말 엄청난 힘을 가진다. 영업을 하는 이들이라면 아침 회의를 마치고 다 함께 그날의 목표를 말하고 파이팅을 외쳐 본 경험이 있을 것이다. 이렇듯 내가 잘할 수 있다는 자신감이 가장 중요하다. 게다가 옹알이 시작 단계가 아닌 수십 년간 써 온 성인의 화법을 바꾼다는 것은 어마어마하게 큰 용기와 노력이 필요하다. 매일 아침 양치를 하며 거울을 들여다보고 주문을 외워 보자. 입을 크게 벌려 "나는 말을 잘할 수 있다. 분명 잘할 수 있다."라고 말이다.

　스피치에 있어서 플라세보 효과는 대단하다. 불안과 긴장감은 심리적인 요인이므로 이를 잘 다스려야 한다. 나 역시도 방송을 앞두고 항상 가슴이 두근거리고 걱정이 된다. 수천, 수만 명이 나를 바라보고 있는 행사장 무대에 설 때 여전히 떨리며 긴장감도 이루 말할 수 없이 크다. 하지만 그 긴장감이 있기 때문에 진행하는 동안 상황을 살피고 잡념에 사로잡히지 않고 실수 없이 말할 수 있는 것이다.

스피치를 할 때 불안감과 긴장감이 있는 것이 당연하다. 비단 나에게만 국한된 것이라고 생각할 필요는 없다. 이런 불안감을 인정하고 긍정적인 마인드로 스피치에 임한다면 분명히 잘해 낼 수 있다. 스피노자는 "나는 할 수 없다고 생각하는 동안 그것을 하기 싫다고 다짐하고 있는 것이다. 그러므로 그것은 실행되지 않는다."라고 했다. 그런데 잘 살펴보자. 대부분은 스피치를 앞두고 걱정에 휩싸여 긍정적인 생각보다는 부정적인 생각을 많이 하게 된다.

'나는 말을 못 해.', '내가 머뭇거리거나 더듬으면 다른 사람들이 분명히 비웃을 거야.', '나는 내가 생각해도 소심해.', '나는 발음이 안 좋은데.', '내가 하는 얘기를 다른 사람들이 못 알아듣는 거 아닐까?' 이처럼 부정적인 결과를 지레 짐작하고 그 감정에 사로잡힌다. 그러는 동안 불안감과 긴장감은 극대화되고, 자신의 부족한 점도 고스란히 드러나게 된다. 또다시 상실감과 좌절에 빠지게 되고 '역시 나는 안 되나 봐'라는 악순환이 시작되는 것이다. 부정적인 감정의 지뢰밭은 늪과 같다.

어떤 일을 해내려면 먼저 그 일을 할 수 있다고 믿어야 한다.

― 농구 황제 마이클 조던

나의 가장 큰 재산은 내 마음이다. 나는 내가 참가하는 모든 토너먼트에서 우승할 수 있다고 믿는다.

― 골프 황제 타이거 우즈

이제는 부정적인 경험이나 부정적인 생각을 빨리 잊어야 한다. 그리고 인정하자. 인정하지 않으려고 하는 순간 극도의 스트레스가 된다. 이는 그간 내가 노력하지도 않으면서 나의 모자란 부분을 인정하기 싫어했다는 것이다. 나의 실수로 상처받고 싶지 않은 것이다. 그런데 가만히 들여다보면 내가 나를 인정하지 않는데, 내 얘길 듣는 사람이 나를 인정해 주겠는가. 이미 정답은 내 안에 있다. 나의 부족함을 인정하자. 그리고 빈틈을 채우려고 노력하자.

스피치를 대단히 잘해 내야 한다는 스스로의 기대치를 낮추면 만족을 높일 수 있다. 당신은 프레젠테이션의 대가 스티브 잡스가 아니다. 평창 올림픽 개최를 이끌어 낸 김연아도 아니지 않은가. 그들만큼 엄청난 노력과 준비된 자세로 스피치에 임한다면, 한 단계씩 기대를 높여 가도 되겠지만 해당하는 이는 별로 없을 것이다. 때로는 당신의 완벽주의로 인해 용기가 줄어들기도 한다. 당신이 매우 잘해 내야 한다는 욕심을 버린다면 조금씩 용기가 생길 것이고, 다음 번 스피치는 조금 더 나아지는 선순환을 그려낼 것이다. 이렇게 자신감을 강화하는 데 긍정적인 경험만큼 효과적인 것은 없다.

그리고 사실 다른 사람들은 당신의 실수와 부족함에 관심이 없다. 내가 티를 많이 내지 않으면 심지어 알아채는 이도 드물다. 코넬대학교 심리학과 토머스 길로비치 교수의 '스포트라이트 효과' 실험에서도 증명됐다. 내가 아주 촌스러운 티셔츠를 입고 거리에 나가면 마주치는 사람 중 50%가 그 옷을 기억할 거라고 여기지만 실제로는 10% 미만의 사람만이 이 사실을 기억한다는 것이다. 이처럼 우리는 연극 무대에 선 주인공처럼 항상 내가 스포트라이트를 받고 있다는 착각을 하면서 필요 이상으로 타인을 신경 쓰고 있다. 그래서 남을 의식하면서 나의 의식을 잃는 것이다. 남자들의 경우 바지 지퍼를 열고 몇 시간을 돌아다니다가 뒤늦게 알아채고 혼자 얼굴이 붉어진 경험이 있을 것이다. 하지만 그 몇 시간 동안 열린 지퍼를 기억하는 이는 얼마 없다. 그리고 그것을 기억하는 사람이 "제정신이 아니구만, 민망해라."라며 엄청난 비난을 쏟아내지도 않는다. 그냥 그런가 보다 할 뿐이다. 여자들은 까만 스타킹의 올이 나가서 행여나 누가 볼까 싶어 다리를 배배 꼬면서 집에 온 적이 있지 않은가. 누군가 쳐다봤다면 스타킹을 본 것이 아니라 하도 배배 꼬니까 시선을 끌었을 것이다. 모든 주도권은 무심한 상태에서 쥐어진다.

앞 장에서 내 스피치의 문제점을 찾아보자고 했다.
자신감이 부족한 경우라면 용기를 내어 연습을 많이 하자.
자신감이 부족한 것은 자존감(self-respect)이 낮기 때문이다.
나의 가치평가를 재정립하자.
자존감을 올려보자.

발음이 부정확하고 목소리의 문제라면, 분명히 개선할 수 있으므로 앞으로 명시하는 방법으로 부단히 연습하면 된다. 지나치게 내성적인 성격이라 타인의 판단과 반응에 민감한 편이라면, 외향적인 성격의 소유자보다 스트레스에 대한 반응이 좀 더 높다. 내가 수업 전에 상담을 하면서 들었던 가장 답답한 말 중에 하나다. "제가 어렸을 때부터 내성적이어서~", "제가 A형이라 소심해요." 성격을 탓할 필요는 없다. 성격과 혈액형을 수업으로 바꿔 줄 수는 없다. 이미 생각에 지배당해 있는 당신이 바뀌어야 한다. 생각을 전환하는 연습에 돌입하자. 그리고 감정이란 무를 썰 듯, 각각을 떼어놓기란 어렵다. 현재 스피치를 앞두고 불안하다면, 단지 스피치에 국한되는 스트레스와 트라우마가 아닐 수 있다. 앞서 자신의 문제점을 찾으며 자기 자신을 면밀히 들여다봤을 것이다. 부정하지 말자. 내 안의 나를 정확히 찾자. 마음에서 들려오는 소리를 제대로 한번 들어 보자. 불안을 조성하고 스트레스를 야기한 요소를 명확히 찾아내서 벗어나면 된다.

첫째도 둘째도 셋째도 연습이다. 꾸준히 반복된 연습은 당신을 바꿀 것이다. 스피치는 내 말의 내용(컨텐츠)을 담은 목소리와 발음, 나의 표정과 몸짓, 자세가 한데 어우러져 상대에게 전해지므로 무엇보다 자신감이 있어야 한다. 연습하지 않고 피하기만 했기 때문에 쭈뼛거렸을 것이다. 가만히 나의 문제를 찾아봤다면 말을 잘하기 위한 마음가짐은 된 것이다. 단, 중장기적으로 연습하고 변할 각오를 해야 한다. 발음표나 몇 번 따라 해보고 그만둘 생각이라면 시작도 하지 마라. 그렇게 해서는 안 된다. 절대로 안 된다.

'말더듬이'라는 콤플렉스를 극복한 고대 그리스의 웅변가이자 정치가 데모스테네스를 본보기로 삼아 보자. 모든 웅변가 중에서도 군계일학으로 꼽히는 데모스테네스가 원래 말더듬이였다는 사실이 놀랍지 않은가. 그는 7세 때 아버지가 죽고 빼앗긴 재산을 찾기 위해 웅변술을 배우기 시작했다. 당시의 그는 발음이 부정확했고 호흡도 짧아 긴 음절을 한꺼번에 발음할 수 없었다. 그래서 입안에 돌멩이를 넣고 발음 연습을 했고, 호흡을 조절하기 위해서 가파른 동산을 뛰어오르며 스피치 연습을 했다. 특히 말할 때 삐딱한 어깨를 바로 잡기 위해 천장에 칼을 매달아 두고 어깨가 삐뚤어질 때 칼이 떨어져 어깨를 찌르도록 장치를 해두고 자신을 바로잡고자 했다. 그러나 그를 궁극적으로 웅변의 달인으로 만든 것은 엄청난 양의 독서였다. 고전을 읽는 데 집중하지 못하는 자신을 채찍질하고자 머리와 수염을 밀고 창고에 들어가서 머리와 수염이 모두 자랄 때까지 밖으로 나오지 않고 독서에 전념했다. 당신도 할 수 있다. 데모스테네스가 했던 것처럼 강한 의지로 혹독하게 연습한다면 분명히 당신의 스피치를 바꿀 수 있다.

헬렌 켈러는 "삶은 모험을 빼면 아무것도 남지 않는다. 앞을 볼 수 없는 것보다 더 불쌍한 사람은 바로 목표가 없는 사람이다."라고 했다. 숲을 헤치고 나갈 준비가 돼 있는가. 숲을 지나 꼭 잡고 싶은 목표를 정하자. 당신의 목표가 명확해야만 긴 여정을 포기하지 않고 고된 연습을 버텨낼 수 있다. 기간을 정하는 것도 좋다. 혹은 한 가지 주제로 완성도 있는 즉흥 스피치를 해내는 것으로 정해도 좋다.

긴장을 완화하는 데 심호흡을 하는 것이 도움 된다. 누구나 "릴렉스~ 심호흡 하고~"라는 말을 들어 보았을 것이다. 우리가 긴장을 하면 승모근에 힘이 잔뜩 들어가고 몸이 움츠러들고 가슴이 두근거리며 머리가 핑 돈다. 호흡이 제대로 이루어지지 않아 체내 산소 공급이 불안정하기 때문이다. 안정된 호흡은 우리 몸의 근육을 이완시켜주고 심박 수를 원활하게 해준다. 이때 몸이 편안해지면서 긴장이 완화된다. 성대의 근육도 심호흡으로 충분히 이완시켜야 편안한 목소리를 낼 수 있다. 떨리는 목소리도 성대 근육의 긴장 상태에서 나오는 것이다. '나 떨고 있니?' 그렇다면 침착하게 깊이 숨을 들이마시고 내쉬어 보자.

1992년 나의 일기에는 비록 맞춤법이 좀 틀리긴 했지만 "할 수 있다, 자신감을 갖자!"는 무한 외침이 적혀 있다.

TIP. 주문을 걸자, 간절함이 청중을 움직인다

1968년 하버드대 사회심리학과 교수인 로버트 로젠탈은 샌프란시스코의 한 초등학교에서 지능검사를 실시했다. 그리고 각 반 담임교사에게 명단 하나를 건네면서 '지적 능력이 빠른 속도로 성장할 아이들'이라고 말했다. 그러나 사실 이것은 지능검사와는 무관하게 만들어진 가짜 명단이었다. 그리고 8개월이 지난 후 다시 지능검사를 실시했는데 놀랍게도 가짜 명단에 이름을 올렸던 아이들이 다른 아이들에 비해 현저하게 성적이 향상됐다. 담임교사가 명단에 기재된 아이들은 반드시 성적이 향상될 것이라고 믿고 수업을 진행했고, 아이들 역시 선생님의 기대에 의욕을 갖고 공부를 열심히 한 것이다. 이 실험 결과는 교수의 이름을 따서 '로젠탈 효과'로 불린다. 긍정적인 기대가 좋은 결과로 이어진다는 것이다. 스피치도 마찬가지다. 부정적으로 생각하는 스피치가 긍정적인 결과를 낳기는 힘들다. '내 스피치는 최고야.', '청중들도 내 스피치에 마음을 열어줄 거야.' 라는 간절한 기대와 희망이 스피치를 성공시킬 것이다.

Lesson 3 |
발음이 좋지 않은 것 같아요

　나는 스피치에서 나타나는 여러 가지 문제 중 비교적 쉽게 개선할 수 있는 것이 바로 발음이라 생각한다. 발음은 스피치의 기본 요소이며 스피치의 완성도를 높이는 데 중요한 요소이기도 하다. 발음에 문제가 있어서 스피치 교육을 받는 분들의 경우 대부분 비슷한 현상을 나타낸다. 어찌나 우아하게 입술을 아끼시는지. 심지어 입을 가리면서 입술을 안으로 말아 넣으면서 말하기도 한다. 사연인즉슨 치열이 고르지 않아서, 입이 나와서, 교합이 좋지 않아서라는데, 그렇다면 더더욱 입을 제대로 벌려 말해야 한다. 발음이 안 들리면 시선은 입 모양에 더 많이 집중된다. 말하는 데 돈이 드는 것도 아니고 힘이 많이 드는 것도 아닌데 최저 에너지로 최대 효율을 가져오려 한다. 한마디로 입술을 거의 움직이지 않고 말을 하려는 것이다.

　모 방송사 아나운서의 애칭이 뽀뽀녀이다. '오, 우' 발음을 정확하게 구사하기 때문인데, 이처럼 아나운서의 정확한 발음은 신뢰성을 주는 하나의 요소이다. 아나운서에게 발음이란 아주 중요한 요소이다. 시청자나 청취자가 TV나 라디오에 항상 집중하는 것은 아니다. 음식점에서 뉴스를 틀어 둘 수도, 병원 로비에서 음소거인 채로 화면만 켜 둘 수도, 운전하면서 라디오를 켜 두었을 수도 있다. 각기 다른 상황에 놓여 있을 청자를 고려해야 한다. 다양한 소음과 상황에서도 정확한 발음은 정보 전달을 가능케 한다. 그래서 아나운서의 발음 훈련은 준비생 시절부터 처절할 정도로 이뤄진다.

최근 이슈가 된 프로그램 <쇼 미 더 머니>를 보면서 책에서 여러 번 언급하게 될 거란 예감을 했다. 여러 시즌을 거듭했지만 특히 시즌 5 우승자인 '비와이'라는 래퍼는 이번 장에서 강조하고 싶은 정확한 입 모양의 표본이다. 한 호흡에 많은 양의 랩을 빠른 속도로 소화하지만 모든 단어의 발음이 정확하다. 그래서 비와이의 랩은 귀에 쏙쏙 잘 들렸고 많은 이들이 열광했다. 랩에 문외한인 내게도 그의 랩이 잘 들렸다는 것은 흔히 힙합에서 말하는 '딜리버리', 즉 우리말의 전달력 부분에서 탁월한 능력을 가졌다는 뜻이기도 하다. 음악 전문가라면 여러 요소를 얘기하겠지만, 스피치 전문가 입장에서 보면 정확한 발음이 전달력에 한몫했다. 잘 보면 그의 입 모양은 모음과 자음을 정확히 구사한다.

영어를 배우던 시절 발음 기호를 찾아본 기억이 나는가? 국어사전에도 발음 기호를 표기한 사전이 있다. 아나운서 준비생의 필수품이었다. 항상 들고 다니면서 말할 때마다 수시로 펴보았고 잘 때는 머리맡에 두었을 정도로 소중한 재산이었다. 요즘은 포털 사이트 국어사전에 단어를 검색하면 단어의 뜻만 알 수 있는 것이 아니라, 국립국어원에서 감수한 아나운서의 정확한 발음도 들어 볼 수 있다. 발음 기호와 장단음도 표기되어 있다. 발음을 정확하게 하려면 장단음도 제대로 지켜야 한다. 그런데 우리말 단어 발음을 찾아 따라서 발음해 본 이가 얼마나 될까? 우리는 한글을 읽고 쓰게 된 이후 우리말에 대해 따로 공부해 본 적이 없다. 그래서 정확한 발음도 모르는 경우가 많다. 심지어 단어의 뜻도 제대로 모르고, 명문대를 졸업했어도 맞춤법이 틀리는 경우가 허다하다. 최근 다양한 예능 프로그램을 보면 한국에 거주하는 외국인이 제법 자주 출연한다. 이들의 말은 대단히 유창하다. 그들은 한국어를 공부했기 때문이다. 어쩌면 한국에 거주하는 한국인보다 제대로 된 표현을 구사하는지도 모른다. 창피하다는 생각이 들 때가 있다. 우리도 우리말을 공부해야 하지 않을까.

  단어를 경제적으로 발음하는 것만 문제가 아니다. 말끝을 흐리거나 성인임에도 문장이 아닌 단어로만 말을 하는 경우가 있다. 이렇게 잘못된 습관이 발음을 어눌하게 만들기도 한다. 또한 혀가 짧아서 발음이 잘 안 된다고 착각하고 대충대충 발음하는 이도 있다. 혀가 약간 짧지만 무던히 연습을 해서 아나운서가 된 사례도 있다. 그런데도 연습을 하지 않고 발음을 그대로 방치할 것인가. 지금 당장 거울을 가져와서 내 입술이 잘 보이도록 놓자. 그리고 발음 연습을 시작하자.

🎤 발음표

ㄱ(기역) ㄴ(니은) ㄷ(디귿) ㄹ(리을) ㅁ(미음) ㅂ(비읍) ㅅ(시옷)
ㅇ(이응) ㅈ(지읒) ㅊ(치읓) ㅋ(키읔) ㅌ(티읕) ㅍ(피읖) ㅎ(히읗)

가	야	거	겨	고	교	구	규	그	기
나	냐	너	녀	노	뇨	누	뉴	느	니
다	댜	더	뎌	도	됴	두	듀	드	디
라	랴	러	려	로	료	루	류	르	리
마	먀	머	며	모	묘	무	뮤	므	미
바	뱌	버	벼	보	뵤	부	뷰	브	비
사	샤	서	셔	소	쇼	수	슈	스	시
아	야	어	여	오	요	우	유	으	이
자	쟈	저	져	조	죠	주	쥬	즈	지
차	챠	처	쳐	초	쵸	추	츄	츠	치
카	캬	커	켜	코	쿄	쿠	큐	크	키
타	탸	터	텨	토	툐	투	튜	트	티
파	퍄	퍼	펴	포	표	푸	퓨	프	피
하	햐	허	혀	호	효	후	휴	흐	히

충분히 발음이 수월해졌다면, 아래 발음표로 정확한 모음을 발음하는 연습을 해 보자. 가로 방향으로 읽어 보고, 세로 방향으로도 읽어 보자.

가	나	다	라	마	바	사	아	자	차	카	타	파	하
게	네	데	레	메	베	세	에	제	체	케	테	페	헤
기	니	디	리	미	비	시	이	지	치	키	티	피	히
고	노	도	로	모	보	소	오	조	초	코	토	포	호
구	누	두	루	무	부	수	우	주	추	쿠	투	푸	후

발음표 연습 방법

소리는 가슴, 목, 입, 코, 머리 등 발성기관을 거치면서 변화한다. 그래서 정확한 발음을 하기란 쉽지 않다. 정확한 발음을 위해서 무엇을 연습해야 할까.

모든 발음은 혀의 위치와 입 모양에 따라 달라진다. 정확한 소리를 내려면 혀가 입속에서 올바른 위치에 닿거나 이동해야 한다. 또 글자별로 입 모양의 차이를 두어 입속 공간을 다르게 만들어서 소리 내야 한다. 이 두 가지 과정이 동시에 일어나면서 자음과 모음의 음가가 생겨난다. 모음은 전설모음(ㅣ, ㅔ, ㅐ, ㅟ, ㅚ)과 같이 발음할 때 혀가 앞쪽에 위치하는 모음과 후설모음(ㅡ, ㅓ, ㅏ, ㅜ, ㅗ)처럼 발음할 때 혀가 뒤쪽에 위치하는 모음으로 나눈다.

특정 발음이 잘 안 되는 사람들이 있다. 그중에서도 이중모음(ㅛ, ㅠ, ㅖ, ㅒ, ㅘ, ㅝ, ㅙ, ㅞ)과 'ㅅ'발음이다. 'ㅅ'을 /ㄷ/ 혹은 /ㄸ/로 발음하는 경우이다. 대표적인 예로 개그맨 노홍철 씨가 'ㅅ'을 'th'/ㄸ/로 발음한다. 이 경우는 발음이 샌다기보다는 혀의 부정확한 위치로 인한 것이 대부분이다. 보통 혀가 윗니 아랫니 사이로 나오거나 혀끝을 윗니 뒷부분에 대고 말할 때 이러한 현상이 나타난다. 정확하게는 윗니 뒷부분 입천장에 혀가 가볍게 닿을 듯 말 듯 해야 정확한 'ㅅ'을 발음할 수 있다. 또 이중모음은 두 개의 단모음이 더해지면서 내는 발음이므로, 단모음과 단모음의 변화를 정확하고도 빠르게 발음을 해야 한다. 입 모양을 크고 확실하게 움직이는 것이 정확한 발음을 내는 방법이다.

앞에 나온 발음표는 아나운서 시험 준비생 시절 내 책상과 침대 옆, 화장실 변기 앞에도 붙어 있었다. 그리고 아직까지도 행사 시작 전이나 촬영 전에 바로 원고를 읽지 않고 긴 호흡으로 빠르게 이 발음표를 읽으며 입을 푼다. 이보다 좋은 연습은 없다고 자신 있게 추천할 수 있다. 두어 번 읽어보는 데서 그치지 말고 발음 교정을 할 의향이 있다면 매일 소리 내어 열 번, 스무 번 혹은 그 이상 연습하자. 하다 보면 막힘없이 혀와 입술, 턱이 움직이는 날이 분명 올 것이다. 나는 교육생에게 매일 삼십 번씩 발음표 연습하기를 과제로 낸다. 교육 과정이 끝나는 날까지.

당신의 입술은 어떻게 움직이는가? 윗입술이 움직이는지 살펴보자. 윗입술은 어느 정도 움직일 것이다. 그러나 아랫입술까지 움직이는 이는 많지가 않다. 오물오물 무언가를 먹을 때보다 덜 움직이고 있을 수 있다. 입술이 뽀뽀할 때처럼 앞으로도 나오고 옆으로도 벌어지는지, 하품할 때처럼 턱이 크게 위아래로 움직이는지 살펴보자. 간혹 전혀 의도치 않게 입술을 입안으로 말면서 말하는 양상을 보이기도 한다. 필히 그런 입 모양을 인식해야 한다. 당분간 발음표를 연습하면서 휴대폰 동영상으로 촬영하고 모니터링을 하자. 내 입술, 턱, 혀의 움직임에 집중해 보자.

발음 교정에 관심이 있는 사람들은 갑자기 옆에 놓여 있던 볼펜이

나 나무젓가락을 가져와서 물고 연습해야겠다는 생각이 들 수도 있다. NG!!! 아직도 몇몇 스피치 학원에서는 이 방법을 추천하지만 나는 아니다. 한번 펜을 입에 물고 발음표를 연습해 보자. 좌우 비대칭인 안면근육의 움직임을 바로잡는 데 효과가 있을지 몰라도 입술과 혀와 턱의 움직임을 제한하고 양악에 힘이 많이 들어간다. 실제로 이렇게 연습하면 입이 아프다. 이 상태로 입술을 움직이기란 여간 어려운 일이 아니다. 안면에 힘을 많이 주고 발음 연습하는 것은 부정확한 발음을 잡는 최선의 방법이 아니다. 입술 모양을 자연스럽게 두는 것이 가장 좋다. 인터넷상에서 발음교정기도 판매를 하지만 이런 것들을 구매할 필요는 없다.

정말 발음이 부정확하다면 차라리 와인 코르크를(세로로 세워) 앞니로 물고 치아는 고정된 상태에서 입술의 움직임과 혀의 움직임에 집중해 보자. 코르크가 떨어지지 않을 정도로만 부드럽게 물고 발음표를 연습해 보자. 입술과 혀의 움직임을 면밀히 느낄 수 있다. 발음 연습을 하다 보면 우리말 발음이 녹록지 않다는 사실을 실감할 것이다. 평상시 얼마나 대충 발음을 했는지도 알게 될 것이다. 포기하지 않고 연습해야 한다. 분명 좋아질 것이다. 그러고 나서 뉴스 기사든, 책이든 읽을거리를 정확한 발음으로 많이 읽다 보면 어느 날 좋은 발음을 내고 있을 것이다. 나는 아나운서 시험을 보겠다고 생각한 날부터 사오 년간 매일 종이 신문을 첫 장부터 광고란을 제외하고 끝까지 소리 내어 읽었다. 매일 세 시간은 돌부처처럼 신문을 들고 서서 그렇게 중얼댔다.

스피치를 가르치면서 만난 학생들 중에 유난히 기억에 남는 교육생이 한 명 있다. 그는 해외 유수 명문대를 졸업하고 컨설팅업계에 종사하는 재원이었다. 탄탄대로로 승진을 하고 업계 최고의 기업에 스카우트되어 중간 관리자가 됐다. 프레젠테이션을 많이 해야 하는 업무 특성상 명쾌한 스피치 능력이 필수였는데, 그는 스피치가 약한 편이었다. 하지만 개선 의지는 강했다.

"저는 정말 스피치를 잘하고 싶어서 스피치 학원을 다닌 경험이 있습니다. 게다가 여러 선생님께 레슨을 받았어요. 그럼에도 여전히 부족하다고 생각하는데, 과연 계속 레슨을 받으면 좋아질까요? 제가 성격이 급해서 사람들이 제 말을 잘 못 알아듣는 것 같아요." 나는 분명 연습량이 부족한 것이라고 확신했다. 그래서 "물론 스피치를 잘할 수 있어요. 단기간에 급격히 달변가나 방송인처럼 말할 수는 없겠지만 꾸준히 연습하시면 됩니다."라고 답변해 드렸는데, 그분은 "솔직히 이제는 확신이 없습니다. 돈이며 시간을 충분히 투자했는데 결과는 미미합니다. 저는 출퇴근 시간에도 연습을 하고 낮에 카페에 가서도 연습을 합니다. 심지어 이전에 교육을 받으면서는 발음과 발성 연습 횟수까지 체크하면서 매일 연습을 했는데 왜 나아지지 않는지 모르겠어요."라며 읍소하는 것이다. 둔탁한 물체로 뒤통수를 맞은 듯한 느낌이 들면서 내가 과연 교육할 수 있을지 의문이 들었다. '왜'를 찾는 것이 나의 첫 번째 임무로 던져졌다. "출퇴근 때 연습은 어떤 방법으로 하세요?" 업무 틈틈이 출퇴근 시간에도 발음 연습을 열심히 했다는데도 제자리걸음인 이유가 궁금해졌다. 그분은 입만 벙긋벙긋 줄줄줄 읽어 나간다. 묵음으로. 도대체 왜? 다른 스피치 강사가 이분이 한글을 읽을 줄 모른다고 생각해서 단어와 문장을 읽으라고 한 것은 아니겠지요.

스피치 훈련에서 읽기란, 소리 내서 발음을 연습하는 것이다. 입을 크게 벌리고, 또박또박 소리 내어 읽으면서 발음을 연습해야 한다. 처음에는 모든 음가를 하나하나 끊어서 스타카토로 정성껏 발음해야 한다. 그리고 모든 문장은 마지막 음절도 소리를 내야 한다. '~입니다, ~합니다, ~습니다.' 정성을 다해서 아랫배에 있는 호흡을 모조리 내뱉으며 '~다'까지 읽어야 한다. 이처럼 연습을 거듭한 읽기 습관이 좋은 말하기를 가져온다.

자음과 모음을 자연스럽게 정확히 발음할 수 있다면 다음 문장들을 정확히 거듭 소리 내어 연습해 보자.

 발음 연습 문장

- 대하소설 〈토지〉는 경상남도 하동군 악양면 평사리를 무대로 한다.

- 한국관광공사 국근채 국제관계 부국장께서 참석하셨습니다.

- 대한투자증권 중진권 투자 전문가는 투자수익률표로 검토하길 권고했습니다.

- 이 프로그램은 삼성증권, 폴리텍대학, 혁신추진위원회, 정보진흥원이 함께 만듭니다.

- 검찰청 쇠철창살은 새 쇠철창살이냐 헌 쇠철창살이냐.

- 봄 꿀밤 딴 꿀밤, 가을 꿀밤 안 딴 꿀밤

- 내가 그린 그림은 뭉게구름 그림이고 네가 그린 그림은 새털구름 그림이다.

- 한양양장점은 옆에 한영양장점이 있고 한영양장점 옆엔 한양양장점이 있잖아.

- 칠월 칠 일은 칠십칠 일간 내 옆을 지킨 칠칠치 못한 짝꿍 생일이다.

- 스위스 수산물 운송, 수송을 담당하는 미스 스미스 씨는 샴쌍둥이이다.

- 너는 촉촉한 초코칩과 안촉촉한 초코칩 중 뭐가 좋아.

- 서울특별시 특허허가과에 허가과장 장과장

- 작년에 온 솥장수는 새 솥장수 금년에 온 솥장수는 헌 솥장수

- 저기 가는 저 상장사가 새 상장사인가 헌 상장사인가

- 대공원에 봄 벚꽃 놀이는 낮 봄 벚꽃 놀이보다 밤 봄 벚꽃놀이니라.

- 고려여고 교복은 고급 교복이고, 고급 교복에는 고급 원단이 쓰인다.

- 청단풍잎 홍단풍잎 흑마늘 흰마늘

- 시골에서 보내 주신 현미찹쌀과 흑미찹쌀을 맵쌀과 섞어 밥을 한다.

- 들의 콩깍지가 안 깐 콩깍지인가 깐 콩깍지인가 깐 콩깍지이면 어떻고 안 깐 콩깍지이면 어떠하리. 깐 콩깍지나 안 깐 콩깍지나 콩깍지가 매한가지 콩깍지 아니겠는가.

그렇다면 사투리는 어떻게 고쳐야 할까?

"아나, 책 들고 와 문 밑에 좀 단디 공가라."("자, 책 들고 와서 문 밑에 단단히 받쳐 봐라.")

"앵간히 좀 부려먹어라. 할 일이 천지 빼까리다."("어지간히 좀 부려먹어라. 할 일이 셀 수 없이 많아.")

요즘은 지역 사투리가 많이 약해졌다. 하지만 면접을 앞둔 취업 준비생이나, 프레젠테이션을 많이 해야 하는 업무 담당자들은 하나같이 사투리를 고치고 싶어 한다. 아무래도 대중과의 소통에서 의미 전달이 명확하지 않아 어려움을 겪는 경우가 생기기 때문이다. 오랜 세월 듣고 사용한 사투리를 하루아침에 고치기는 쉽지 않다. 그런데 무엇을 고쳐야 할까? 사용하는 단어를 개선하는 것은 물론이고 말의 운율과 발음, 강세, 속도를 살펴봐야 한다.

강세(accent)란, 고저와 장단을 이용해서 강하게 발음해 강조하는 것을 뜻한다. 단어에 올바른 강세를 두는 것을 연습해야 한다. 어느 음절에 강세를 두어 발음하는지에 따라 표준어와 사투리로 나뉜다. 어미의 억양을 주의하는 것이 핵심이다. 앞서 제시한 발음 연습은 당연히 필요하다. 선생님을 '슨생님', 검은 정장을 '그믄 정장'이라고 발음하는 것을 고칠 수 있다는 말이다. 그런데 문장을 읽을 때에는 발음도 억양도 개선이 되는 것 같다가도, 자신의 생각을 말하는 대화에서는 자신도 모르게 본래 억양이 튀어나올 수 있다. 그래서 연습할 때 단어 하나하나 끊어서 읽는 것이 아니라 문장 전체를 밀어내듯 읽어야 한다. 그리고 꽤 긴 시간 꾸준한 연습만이 해결할 수 있다. 사투리는 무엇보다 자신의 의지와 노력 없이는 고칠 수 없다.

외국어를 배울 때 현지인의 표준 발음을 들으면서 연습하듯 사투리를 고치는 데도 듣고 따라 하기가 가장 좋다. 표준어로 된 드라마 대사도 좋고 뉴스도 좋다. 무한히 듣고 따라 하기를 추천한다. 처음에는 여러 지문이 아니라 몇 가지 문장들을 따라 말하기로 연습해 보자. 점차 문장을 늘려 익히면 된다. 이 연습을 할 때도 마찬가지로 나의 발음을 녹음해서 들어 보자. 첫술에 배부를 수 없다. 최고의 성우 중 한 명으로 손꼽히는 양지운 성우는 5년간 피나는 노력으로 사투리를 고쳤다고 한다.

TIP. 상황을 역전시키는 임기응변의 매력

한 남자가 은행에서 거금을 찾아 집으로 돌아가던 중이었다. 그런데 어느 순간 모자를 푹 눌러쓴 거구의 사내가 뒤따라오는 것을 알게 됐다. 남자는 재빨리 도망간다고 해도 거구의 사내를 따돌리기 힘들 것 같았다. 그러던 차에 좋은 생각 하나가 머리를 스쳤다. 무언가 결심한 남자는 주위를 살피고 골목을 접어들자마자 주위에 흙을 집어 들어 얼굴에 잔뜩 묻혔다. 그리고 자신의 뒤를 따라 골목에 접어드는 남자에게 걸어가 더러운 손을 내밀며 애원하듯 말을 걸었다.

"선생님, 제발 도와주세요. 굶주리다 못해 쓰러질 지경입니다."

거구의 사내는 남자의 행색을 살피기 시작했다.

"쳇, 재수 없게, 돈 좀 있는 놈인 줄 알았더니…"

거구의 사내는 미련 없이 돌아서서 떠났다.

Lesson 4
목소리를 바꿀 수 있을까

나의 중학교 시절 담임선생님은 잠자는 학생들을 아주 쉽게 3초 만에 깨우는 재주가 있었다. 손톱으로 칠판을 끝에서 끝까지 긁어버리는 것이었다. 그 불쾌감이란! 지금 생각만 해도 온몸에 소름이 쫙 끼친다. 옆집에서 드릴로 아침부터 벽을 뚫고 있다면, 정말 화가 난다.

소리의 질에 따라 사람의 감정도 변하게 된다. 그래서 스피치에서 좋은 목소리는 중요한 요소이다. 좋은 목소리는 사람의 마음을 움직이는 힘이 있다. 그렇다면 좋은 목소리란 뭘까? 일단 말하는 이가 편한 소리다. 또한 잘 들리는 소리다. 성대모사를 해보면 몇 마디 따라 하기 쉽지 않다. 내가 가진 신체 조건상 꾸미지 않고 편하게 내는 소리가 바로 좋은 소리이다. 어떤 사람들은 웃고 떠들다가도 전화가 오면 목청을 가다듬고 마치 다른 사람처럼 "여보세요" 하고 전화를 받은 후 다시 자신의 목소리로 돌아오기도 한다. 내가 편한 소리를 내지 않을 때는 듣는 이도 편하지 않다. 목소리는 그야말로 자신의 역량껏 활용할 수 있다. 편안한 상태에서 음색이 깨끗하며, 강렬하게 멀리까지 전달되는 목소리라면 대중스피치에 적합하다. 여기에 목소리의 높낮이와 장단음을 구분하고 말하려는 내용을 잘 담는다면 백 점이다.

한 학생은 비음이 심해서 답답함을 호소했다. 발성도 바꾸고 호흡 연습도 했으나 해결이 되지 않았다. 신체적인 부분에 해답이 있었다. 어렸을 적 축구를 하다가 코뼈가 부러지면서 비중격이 휘어져(비중격만곡증) 감기와 같이 잦은 만성 비염을 앓게 된 것이다. 이때 생긴 염증이 깨끗하게 사라지지 않아서 코가 일부 막힌 상태로 유지된 것이다. 이것이 익숙해지면서 비음이 자신의 소리처럼 굳어진 경우다. 이런 경우 목소리를 개선하려면 이비인후과 검진과 치료가 선행되어야 한다.

다른 한 학생은 발음도 좋고 말을 잘하는 아나운서 준비생이었다. 문제는 목소리가 작고 호흡이 너무 짧아서 뉴스 한 문장을 소화하는 것도 버거워했다. 아나운서 교육에서는 한 호흡으로 쭉 밀어내면서 의미 덩어리를 읽어 내는 연습을 한다. 그래서 호흡은 교육 과정에서 무척 중요하다. 문제는 자세였다. 카메라로 뉴스 읽는 모습을 촬영해서 모니터링을 했다. 어깨가 앞으로 말리고 거북이처럼 목을 쭉 빼고 정면을 응시하는데 좌우 고개의 평형도 맞지 않았다. '라운드 숄더'라고 하는 현대인의 고질적인 자세가 짧은 호흡과 작은 목소리의 원인이었다. 아침에 눈을 뜨면 누운 채로 휴대폰을 들여다보고 지하철에서도 휴대폰에서 눈을 떼지 않고 하루 종일 책상에 앉아 모니터와 씨름하는 생활 때문이다. 내가 이 학생에게 내린 해결책은 휴대폰을 최대한 멀리하라는 것과 운동을 해야 한다는 것

이다. (참고로 저자는 생활스포츠지도사 자격증 2급, 요가지도자 자격증을 보유하고 있다-편집자 주)

　우리 목소리는 몸통을 울림통으로 써서 들이마신 호흡을 폐로 보냈다가 성대를 울리면서 입으로 나오는 것이다. 그런데 구부정한 어깨로 인해 울림통이 찌그러지고 좁아진 데다가 심한 거북목이 신체를 좌우비대칭으로 만들었다. 더군다나 아나운서는 공명을 활용해 깊은 호흡으로 중저음의 소리를 만들어야 하는데, 자세에서부터 복식 호흡이 어려운 상황이었다. 이 상태는 스피치에 가장 나쁜 자세라고 하겠다. 이처럼 잘못된 신체 조건이 목소리의 문제를 만드는 경우 신체 상태를 개선하면 소리가 좋아진다. 이 학생의 경우 벽에 머리부터 발뒤꿈치까지 붙인 상태를 유지하고 원고 리딩을 연습하게 했다. 본인도 모르게 벽에서 몸이 떨어지면 자세를 정정할 수 있기 때문에 스피치 연습과 자세 교정에 효과적인 방법이다.

벽을 이용한 기본 포지션 체크

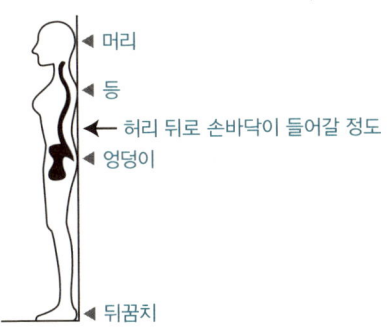

옆에서 보았을 때 귀, 어깨, 엉덩이, 무릎, 복사뼈를 이은 중심선이 일직선상에 있을 경우를 일반적으로 올바른 자세라 부른다. 벽을 이용한 기본 포지션 체크 사항을 소개한다.

- 벽에 등을 대고 선다.
- 이때 머리, 등, 엉덩이, 뒤꿈치가 모두 제대로 벽에 닿는 상태이고 허리 뒤의 틈새에 손바닥이 들어갈 정도의 공간이 생기는 것이 올바른 자세의 기준이 된다.
- 위에 그림을 보면 척추는 목에서 허리에 걸쳐 S자를 그리고 있는 것을 알 수 있다.
- 허리 뒤쪽으로 주먹이 들어갈 정도로 크게 공간이 생긴다면 요추가 만곡이 크기 때문이며, 반대로 손이 들어가지 않는다면 굽은 등 상태로 요추의 만곡이 적기 때문이다.

라운드 숄더와 거북목이 심한 경우

능형근(등에 있는 마름모꼴의 근육)이 늘어나고 어깨에서 가슴 쪽으로 연결되어 있는 소흉근이 수축되어 있는 상태 ; 대부분 목과 어깨가 쑤시고 허리 통증을 호소하는 경우가 많다. 몇 가지 자세 교정을 통해 이를 바로잡아 보자.

● **블랙 번 운동**

견갑골의 안정화를 해주면 앞으로 굽은 어깨가 펴지는 데 도움이 된다. 어깨가 펴지면 깊은 호흡을 마시는 데 큰 도움이 된다. 어깨를 뒤로 젖힌다기보다 양쪽 어깻죽지를 가까이 붙게 한다는 느낌으로 해야 정확한 동작이 나온다. 각 동작을 취하고 3~5초 버티어본다.

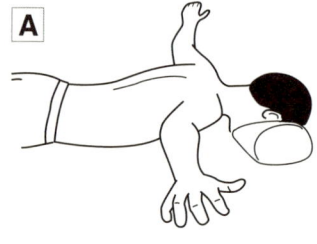

엎드려서 이마를 바닥에 붙이고 양팔을 어깨와 동일 선상에서 옆으로 나란히 한다. 손등이 하늘을 향하도록 하여 바닥에서 위로 올려준다. 오른쪽 왼쪽 모두 균형감 있게 힘을 줘 어깨를 든다는 느낌으로 동작을 한다.

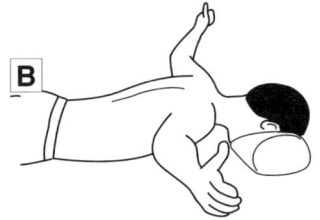

(A)와 동일한 자세와 팔의 위치에서 엄지손가락이 하늘을 향하도록 하여 동일한 동작을 취한다.

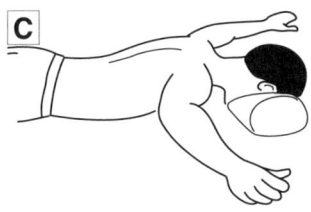

동일한 자세에서 양팔을 어깨가 들리지 않은 상태를 유지하며, 양팔로 V자를 만든다. 손등이 하늘을 향하도록 하고 바닥에서 어깨를 든다는 느낌으로 올려준다.

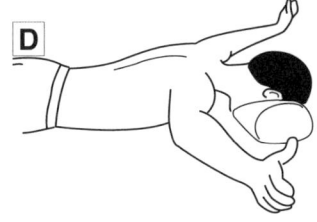

(C)와 동일한 자세에서 엄지손가락이 하늘을 향하도록 하여 동작을 취한다.

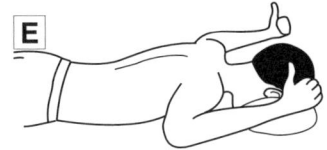

동일한 자세에서 양 팔꿈치를 90도 각도로 구부리고 엄지손가락을 하늘로 향하게 하여 어깨를 드는 동작을 취한다.

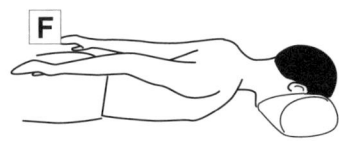

마지막으로 벌린 팔을 몸 쪽에 붙이고 손등이 하늘로 향하게 하고 어깨를 드는 동작을 취한다.

- **코너 스트레칭(소흉근 스트레칭)**

짧아진 소흉근을 풀어주어 어깨가 뒤로 넘어가도록 벽면 모서리나 방문을 열고 활용해도 좋다. 벽면과 동일 선상에 발을 두고 팔꿈치를 90도 굽혀 그림처럼 손바닥으로 편평한 부분을 지지해 체중을 실어 몸을 앞쪽으로 밀어내고 3초간 유지한다. 어깨 앞쪽 가슴 근육이 늘어나는 것을 느낄 수 있을 것이다. 틈틈이 골프 공이나 테니스 공으로 소흉근을 문질러 마사지해 준다.

- **코브라 포즈**

두 다리를 모으거나 편하게 골반 너비로 벌리고 엄지발가락으로 바닥을 누른다는 느낌으로 다리를 쭉 펴고 엎드린다. 열 손가락을 활짝 펴고 바닥을 눌러 몸을 밀어 낸다. 두 팔은 옆구리에 단단히 붙인 상태에서 팔꿈치를 펴면서 천장을 향해 상체를 일으킨다. 이때 너무 뒤로 몸을 꺾지 말고, 상체 앞쪽의 근육이 자연스럽게 늘어나는 것을 느끼면서 숨을 내쉰다.

앞 장에서 거울을 가져와 입술과 입 모양을 살펴봤다면, 이제는 좀 더 큰 거울에 마주서 보자.

나의 앞모습, 옆모습을 돌아보자. 구부정하지 않은지. 좌우 대칭은 이루어지는지. 지인에게 도움을 요청해 휴대폰 카메라를 이용해 촬영해 보자.

이제 거울 앞에 정면으로 서서 숨을 깊이 들이마실 때 내 신체 어느 부분이 움직이고 있는지 살펴보자. 숨을 내뱉을 때의 움직임도 살핀다.

그리고 한 번 더 깊은 숨을 들이마시자. 들이마신 숨과 내뱉은 숨의 길이가 같은지 살펴본다. 이때 각각의 내 신체의 움직임을 보자.

바른 자세는 깊은 호흡을 가능하게 만든다. 어깨를 펴고 골반을 앞으로 내밀지 말고, 복부는 적당한 긴장 상태를 유지하면 된다. 직진하는 발성을 보다 깨끗한 목소리로 낼 수 있을 것이다. 바른 자세를 하지 않은 채 무조건 복식 호흡을 연습하고 아~ 내지르는 발성을 한다고 목소리가 변하는 것은 아니다. 먼저 문제의 자세를 바로잡자. 흔히 성악가가 노래하는 모습을 생각해보면 된다. 뉴스 앵커의 반듯한 모습 역시 좋은 소리를 만드는 자세이다. 두 발을 어깨너비로 벌리고 무게 중심을 양발에 모두 실리게 한 뒤 복식 호흡으로 깊은 숨을 들이마시며 하품하듯이 목을 열고 입을 크게 벌려 큰 소리로 말을 해본다면, 어떨까? 여기서 '크게'의 정도는 옆방에서 들릴 정도라고 하겠다. 의외로 크게 소리를 내는 것조차 쉽지 않을 것이다. 처음엔 어색하지만 직진하는 소리를 낼 수 있게 될 것이다. 간혹 발음이 나쁘진 않지만 뒤로 먹는 소리를 내는 경우라도 이 연습을 통해 들리는 목소리를 만들 수 있다. 많은 양의 공기는 풍성하고 좋은 소리를 만들어낸다.

혹시 당신의 목소리가 유아적이라는 지적을 받은 적이 있는가? 이 역시도 개선할 수 있다. 유아적인 목소리(아성)는 간혹 애교 섞인 목소리를 낼 때의 모양새와 비슷하다. 배에서 나는 소리가 아니라 목으로 만들어 낸 소리인 것이다. 남성의 경우 이런 목소리를 바꾸고자 하는 분들이 많다. 분명 목을 닫고 호흡을 배로 보내지 않고 목으로만 내고 있기 때문이다. 이런 경우는 한 호흡이 짧기 때문에 일반 대화에서 긴 문장으로 말하는 것 자체를 버거워한다. 마치 달리기를 하고 온 것처럼 가쁘게 숨을 몰아쉬며 호흡 곤란을 느끼기도 한다. 문장 어미를 흐리며 말을 하는 경향도 볼 수 있다. 이런 경우 호흡법을 개선하는 것이 급선무다.

  흉식 호흡은 가슴과 목 근육을 사용하기 때문에 호흡량이 적어서 금세 숨이 찬다. 호흡이 불안정하므로 목소리가 떨리고 말이 빨라지고 성대가 긴장되기 때문에 목도 아프다. 하지만 복식 호흡은 호흡량이 많아서 안정적이므로 목소리의 떨림을 잡을 수 있고, 천천히 말할 수 있다.

  긴 호흡을 만들려면 복식 호흡과 더불어 윗배의 횡격막을 쓰는 연습을 할 필요가 있다. 우리는 평상시 흉식 호흡을 하기 때문에 보통 숨을 마시면 어깨가 들썩이며 배가 들어가고, 숨을 내쉴 때 어깨가 내려가며 배가 나온다. 이를 반대로 해 보자. 숨을 들이마실 때 아랫배가 나오고, 숨을 내쉴 때 가슴 근육(대흉근)과 갈비뼈가 움직이는 것을 느끼면 된다. 사실 복식 호흡으로만 말하기는 어렵다. 이렇게 깊은 숨을 들이마시는 연습이 충분히 되면 긴 호흡을 흉식 호흡과 복식 호흡을 겸해서 하면 편안하게 길고 좋은 소리를 낼 수 있게 된다. 나온 배를 쏙 들여보내기도 힘든데 횡격막을 어쩌라는 거냐고 할 수도 있다. 운동을 통해 복부에 긴장감을 줄 수 있는 근육을 길렀다면 이 단계가 매우 수월할 것이다. 그렇지 않더라도 통통한 아랫배를 만져보면서 연습하면 할 수 있다고 마음먹는 것이 중요하다. 연습하면 된다.

평상시 운동을 꾸준히 해왔다면, 혹은 건강 상태를 잘 관리했다면 바른 자세로 좋은 목소리를 낼 수 있는 하드웨어는 갖추고 있는 셈이다. 다시 반복해서 연습해 보자. 거울 앞에 서서 영상으로 나의 모습을 찍어 보면서 충분히 복식 호흡을 연습했다면 다음 단계로 가보자.

1. 3초간 들이마신 숨을 3초 참고 내뱉는다.
2. 3초간 들이마신 숨을 3초 참고 3초간 내뱉는다.
3. 3초간 들이마신 숨을 3초 참고 5초간 내뱉는다.

우리는 생각하는 것보다 굉장히 얕은 숨을 쉬고 살아간다. 복식 호흡으로 천천히 숨을 들이마시고 마신 숨을 모두 내뱉는 연습을 하면 긴 호흡이 가능해진다. 긴 호흡이 이루어질 때 비로소 제대로 문장을 말하듯이 읽을 수 있다.

이제 발성을 연습하자. 올바른 발성법이란 앞서 언급한 올바른 호흡을 통해 성대가 균일하게 진동하면서 인두강과 구강에서 울림이 좋은 소리를 내는 것이다. 즉 성대에 무리를 주지 않고 목 주위 근육에 힘을 주지 않으면서 자연스럽게 적절한 소리를 내는 것이 올바른 방법이다. 이를 위해서는 모든 후두 근육과 목 근육, 상체 근육을 이완하고 불필요한 힘이 혀에 가지 않는 상태에서 적절한 호흡으로 가볍게 성대를 진동시키면서 소리를 내야 한다. 위에 연습한 호흡과 함께 숨을 뱉을 때 입을 크게 벌려 '아~~' 소리를 낸다. 이번에는 '음~~~~~~' 하고 길게 소리 내어 본다. 입을 다물고 윗니와 아랫니를 뗀 상태에서 입안에 공간을 인식하고 광대뼈 아래가 울리는지 느껴보자. 이렇게 공명을 느끼면 좋은 목소리를 낼 수 있다. 이것이 바로 JYP 박진영이 말하는 공기 반, 소리 반이다.

이번에는 '히~~~~~~~~' 하고 입 주변 근육에 힘이 들어가지 않게 해서 발음한다. 턱에도 힘이 들어가지 않도록 한다. 처음에는 길게 소리 내어 보고, 두 번째는 스타카토로 끊어서 '히', '히', '히' 소리 내어 보자. 복식 호흡을 하고 있는데 소리 낼 때마다 복부 아랫부분이 나오는 것을 확인하자.

공명을 만드는 대표적인 단어는 우리가 세상에서 가장 많이 불러 본 단어이다. 복식 호흡으로 '엄마~~' 하고 크게 불러보자. 이 훈련이 이루어진 후 문장 형태의 스피치 원고를 읽는 연습을 한다. 여기서 주의할 점은 연습할 자료를 들고 스피치 연습을 하자. 앉아서 연습을 할 때에는 원고를 들고, 서서 연습할 때도 최대한 고개를 숙이지 말고 (목이 눌리지 않은 상태로) 턱은 살짝 당긴 상태로 연습하는 것이다. 이왕이면 서서 연습하기를 추천한다.

목소리 톤 역시 중요하다. 앞서 연습한 공명음이 가장 많은 톤이 중저음인 경우가 많다. 안정적인 중저음의 목소리는 상대에게 편안함과 신뢰감을 준다. 그래서 뉴스 앵커의 경우 중저음의 목소리가 대부분이다. 김주하 앵커와 배우 한석규를 떠올려보면 목소리 톤에 대한 이해가 빠를 것이다. 하이 톤으로 크게 말하는 것보다 낮은 톤으로 나지막이 말할 때 더 잘 들린다.

좋은 목소리를 내려면 3가지를 피해야 한다. 목소리의 과용, 목소리의 남용, 목소리의 오용. 노래방에서 신나게 노래하고 다음 날, 스포츠 경기를 열띠게 응원하고 난 후, 술 마시고 다음 날, 밤샘 시험공부 후에 목이 잠기거나 쉬어서 목소리가 갈라지고 말을 하기 어려웠던 경험이 있을 것이다. 성대를 촉촉하게 유지하는 것이 가장 중요하다. 그래서 말을 많이 하는 교사나 목을 많이 쓰는 가수들은 목 관리를 위해 물을 많이 마신다. 걷기, 조깅, 등산, 자전거 타기 등 유산소 운동을 꾸준히 해 체력을 유지하는 것이 무엇보다 중요하다. 체력이 떨어지면 성대 근육이 함께 약해지고 감염에 취약해지기 때문이다. 술과 담배를 피하고 기름진 음식, 탄산음료, 카페인, 맵고 짠 자극적인 음식을 삼가는 것 역시 성대 관리의 노하우이다.

　목소리는 타고나는 것 아니냐는 질문을 꽤 듣는다. 그런데 나는 이에 대해 반은 만들어지는 것이라고 답한다. 왜냐하면 목소리는 가족력이 있다. 질병이 아니라 그 집안의 발성과 호흡이 비슷하다는 얘기다. 사투리와 비슷하다. 내가 듣고 자란 소리를 따라 하게 되어 있다. 목만 쓰고 짧은 호흡으로 말하는 엄마와 아이들은 비슷한 목소리를 낸다. 그래서 뒤로 먹는 목소리를 가진 가족의 대화는 마치 서로 소리를 지르면서 싸우는 것처럼 들린다. 호흡과 발성은 꾸준한 연습을 통해 고칠 수 있다. 생활 속에서 훈련하자.

복식 호흡을 위한 자세 교정 - 코어 단련법

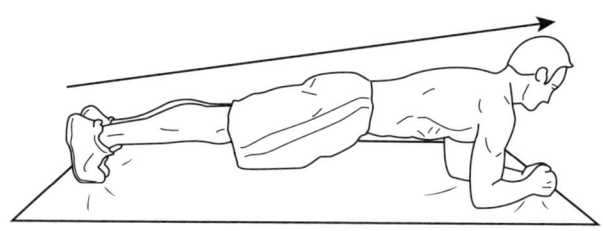

우리는 복식 호흡에서 언급하는 횡격막을 사용하는 데 익숙하지 않다. 그래서 플랭크라는 운동으로 평상시 복횡근과 횡격막을 강화해야 한다. 일단 손목과 팔꿈치를 바닥에 대고 팔꿈치와 어깨를 일직선상에 놓는다. 그리고 발가락만 바닥에 붙이고 골반과 허벅지를 들어 올린다. 무릎은 쫙 펴진 상태여야 한다. 이때 엉덩이에 힘을 주고 배꼽을 척추 방향으로 끌어당긴다는 느낌으로 복부에 힘을 주자. 올바른 플랭크 자세를 유지하려면 머리부터 발까지 일직선이 되어야 한다. 엉덩이가 위로 솟거나 복부가 바닥으로 처지지 않도록 주의한다. 허리와 목도 꺾여서는 안 된다. 시선은 바닥을 보고 호흡을 하며 오래 버티기로 단련하면 된다. 이 운동만 꾸준히 해도 멋진 스피치를 위한 당당한 자세 만들기가 가능하다.

TIP. 청중의 마음을 비워라

 스피치를 시작할 때 가장 중요한 것은 청중을 자신에게 집중시키는 것이다. 본격적인 스피치에 들어가기 전 청중을 한 번 둘러보자. 나를 보고 있지 않고 잡담을 나누거나 휴대폰을 만지작거리는 등 청중의 마음이 다른 곳에 있다면 다음의 이야기를 들려주자.

 일본 메이지 시대에 한 저명한 학자가 선사 남은을 찾아와 물었다.
"선(禪)이란 무엇입니까?"

 남은은 대답 대신 학자의 잔에 찻물을 부었다. 이윽고 잔이 가득 차 넘쳤지만 그는 멈추지 않았다. 결국 넘치던 잔을 보던 학자가 소리치며 그만 부으라고 말을 했고 그제야 남은이 조용히 대답했다.

"당신은 이 찻잔과 같습니다. 당신이 마음을 비워야만 제가 당신에게 선을 얘기할 수 있습니다."

Lesson 5 |
말하는 습관을 고치자

다이어트를 해보았는가? 언제까지라는 날짜를 정해 놓고 먹는 양을 확 줄이고 갑자기 안 하던 운동을 한다. 그리고 다이어트 기간이 끝나면 케이크를 먹을 것이고 탕수육을 자장면과 함께 시킬 것이라고 마음먹는다. 그저 잠시 적게 먹는 것, 잠시 운동하는 것이 다이어트가 아니다. 그것은 말 그대로 잠시 체중 감량을 하는 것이다. 그래서 대부분 다시 이전과 비슷한 체중으로 혹은 그 이상 살이 찌는 요요 현상을 경험한다. 다이어트란 먹고 움직이는 습관 자체를 바꾸는 것이다. 우리의 말도 똑같다. 하루아침에 변하지 않는다. 말은 일상이기에 습관을 고치는 것이 스피치 교육의 시작과 끝이라 할 수 있다. 그래서 나는 이미 작성한 연설문을 가져와 1회성 발표를 위한 스피치 교육을 요청하는 경우 지도하지 않는다. 그런 경우 집에서 혼자 연습해도 충분하다. 달달 외우고 몸을 비틀면서 오른쪽 위로 눈을 치켜뜨며 천장 어딘가에 보일 것 같은 원고를 기억해 내기만 하면 연설할 수 있다.

우리의 궁극적 목표는 읽기도 외우기도 아니다. 말하기다. 준비한 원고만 열심히 반복해서 읽는다고 말을 잘할 수 있는 것이 아니다. 내가 평소 말하는 습관을 고쳐야만 한다. 말하기에 자신감이 없고 어려움을 호소하는 이들 중에 본인은 모르지만 주변인은 다 아는 잘못된 말하기 습관이 있다. 불필요한 말을 습관적으로 반복하는 것이다. 예를 들면 "그러니까", "아니 그게", "솔직히", "근데", "정말~", "진짜로", "아~", "저~"처럼 수십 번 습관적으로 하는 말이 있다. "너 방금 얘기하면서 '근데'를 28번이나 썼어."라고 주변인이 습관어의 횟수를 세어 준 경험도 있을 것이다. 습관적으로 반복하는 말들은 내용의 흐름을 끊고, 청자의 귀에 굉장히 거슬린다. 특히 대중스피치에서 불필요한 말은 금물이다. 좋은 스피치를 하려면 이런 습관어를 버려야 한다. 방송에서 흔히 '마가 뜬다'라고 하여, 정적이 흐르는 것을 막기 위해 초보 진행자는 습관적으로 "예", "네"를 자주 사용한다. 이 역시 내용의 흐름을 깨기 때문에 꼭 필요한 상황이 아니고는 언급을 삼가야 한다.

일단 나의 불필요한 습관어를 찾아보자. 지인과 편한 대화나 통화를 휴대폰 녹음 기능을 이용해서 일정 시간 녹음한 뒤 들어보자. 여러 번 녹음해서 들어보자. 모르고 있기 때문에 이런 습관을 고치지 못하는 경우가 다반사다. 분명 이런 불필요한 습관어를 알아내면 의식적으로 쓰지 않도록 노력하게 되고, 한결 말이 깔끔해진다. 나는 교육생과 양손을 잡고 대화하면서 습관어가 나올 때마다 손을 꽉 잡는 방법을 썼다. 그리고 친구나 가족과 대화를 할 때도 이렇게 손을 잡고 습관어 사용을 인식하도록 하는 해결책을 주었다. 의도적인 것이 아니기 때문에 말하는 도중에 인식을 하는 과정이 습관어를 버리는 첫 걸음이 된다. 습관어가 있다면, 주변인에게 도움을 요청하는 것도 하나의 방법이다.

말이 너무 빨라서, 말이 뭉개져서 의사소통이 안 되는 사람들도 있다. 이는 말의 속도와 생각의 속도 차이 때문이다. 보통은 같은 시간 내에 생각하는 속도보다 말로 표현할 수 있는 단어가 현저히 적다. 뉴스 앵커의 말이 매우 잘 들리는 이유는 실제로 일반적인 말 속도보다 훨씬 천천히 기사를 읽기 때문이다. 그런데 뉴스를 보면서 말의 속도가 느리다고 느끼는 사람은 거의 없다. 그만큼 우리가 빠르게 말을 하고 있다는 것이다. 생각을 동시에 말로 전부 표현하려면 어떤 일이 생길까? 말이 빨라지고 버벅거리게 된다. 또박또박 읽는 습관을 가져야 한다. 내가 느끼기에 꽤 느리게 말한다는 정도의 속도로 말해 보자. 문장과 문장 사이에 잠깐씩 쉬어 보자. 속으로 1, 2를 세고 문장을 이어가며 말하자.

말을 더듬어서 고민인 이들도 있다. 대부분이 '음', '어' 등의 감탄사를 불필요하게 사용하고, 문장의 일부를 변경하거나 주어 등을 생략하는 등 미완성 문장을 주로 쓴다. 혹은 같은 어구를 두어 번 반복적으로 말하고도 본인이 말하고자 하는 바를 전달하지 못한다. 이를 '유창성 장애'라고 하는데 유창하게 말하지 못함을 뜻한다.

현 영국 여왕 엘리자베스 2세의 부친이자 전임 국왕 조지 6세의 실화를 담은 영화 <킹스 스피치>를 한 번 보는 것을 추천한다. 조지 6세는 어렸을 적 아버지의 끝없는 질책과 형에게서 받은 조롱으로 자존감이 나락으로 떨어졌다. 그래서 말 더듬는 것을 핑계로 삼아 늘 형의 그늘에 숨어 살고픈 마음을 갖고 있었다. 즉 그는 말더듬 증세를 치료할 수 없었던 것이 아니라 개선할 의지가 없었던 것이다. 결국 그는 내면의 문제를 들여다보는 것으로 말더듬증을 극복하게 된다.

분명 의지가 있다면 남보다 조금 더 노력하고 남보다 시간이 조금 더 걸리더라도 말더듬증을 고칠 수 있다. 본인이 말을 더듬는다는 것을 인정하고 타인의 배려를 필요로 할 것이 아니라 본인의 인내가 필요한 일임을 인지해야 한다. 그리고 처음 말할 때 입술에 힘을 빼고 마음의 여유를 가지고 말을 시작해야 한다.

말을 더듬게 되더라도 호흡을 끊지 않아야 한다. 그리고 말더듬으로 인해 하려던 말을 하지 않고 다른 말을 하게 되는 경우가 있는데, 본래 하고자 했던 말을 꼭 하도록 한다. 그래야만 자존감을 떨어뜨리지 않으면서 타인의 부정적인 생각도 거둘 수 있다.

영국의 수상이었던 윈스턴 처칠은 20세기에 세계에서 가장 영향력 있는 정치인으로 알려져 있다. 그도 말더듬 콤플렉스를 극복했다. 하루도 빠짐없이 책을 소리 내어 읽으며 말더듬을 극복했다. 그가 말했다. "Never Never Never Give Up."

　간혹 스피치 교육생 중, 뚜렛 장애(틱 장애)의 양상으로 복합적인 음성 틱이 나타나는 경우가 있다. 자신도 모르게 상황과 맞지 않는 단어나 구, 절 등을 말하는 경우이다. 근본적으로 외부 스트레스로 인해 대뇌의 균형이 깨지면서 발생하는 것이다. 난데없이 신체 특정 부위를 만지고, "에고", "파", "아니야" 등 마치 혼잣말 같지만 의도와 상황에 전혀 맞지 않는 말을 내뱉는 분들이 있다. 이는 자연스러운 의사 전달에 방해가 된다. 하지만 성인이 틱 현상을 고치려면 많은 시간과 노력이 든다. 이 부분은 심리적인 치료가 요구되기 때문에 스피치 교육에서 상세히 다룰 수 없지만, 일단 스피치 개선을 위해 내 스피치를 정확히 알고 있어야 한다. 이러한 근육 틱과 음성 틱을 본인이 알고 있다면, 틱 현상이 나올 때 의식하게 된다. 의식적으로 제어하는 행위로, 잠시 말의 포즈(pause)를 두는 것으로 개선해 볼 수 있다. 이러한 경우도 주기적으로 스피치 전문가의 점검을 받으면서 노력하면 충분히 개선할 수 있다.

　앞서 단어의 음가를 경제적으로 발음하는 경우에 대해 지적했다. 말하는 습관 중에서는 말끝을 흐리고, 문장으로 말을 하지 않고, 성인임에도 단어로만 말을 하는 경우가 다반사다. 말이란 앞뒤 내용과 어우러져 느낌과 정보, 생각을 담는 것인데 툭툭 단어만 던져

질 경우 오해도 생기고 의도치 않게 듣는 이로 하여금 각자의 해석으로 문제를 낳게 만든다. 그래서 나는 문자 메시지와 카카오톡으로 소통하는 것을 그다지 좋아하지 않는다. 물론 편의성 때문에 사용하지만 간결한 표현으로 인해 전달하지 못하는 상태나 감정의 표현이 매우 아쉽다. 요즘 세대는 인터넷 문화에 익숙해져서 이런 양상이 당연할지도 모른다. '해시태그 단어', '임팩트 있는 2어절' 등은 SNS에서만 쓰도록 하자. 누군가를 만나서 입을 닫고 문자를 보여줄 것이 아니라면 정상적인 문장을 구사해서 말하는 연습을 해야 한다.

지인들과 평소 말하는 습관은 나의 말로 굳어진다. 길을 가다가 깜짝깜짝 놀란다. 교복을 입은 여중생들 입에서 나온 소리가 맞는지 싶을 말들이 들린다. 욕설을 어두에 달고 말을 시작하는 요즘 청소년들에게 일침을 가하고 싶다. 비단 청소년만의 문제는 아니겠지만. 상상해보라. 지금 어투로 70대가 되어 말하는 나의 모습을.

얼마 전 한 남성이 상견례 자리에서 자신이 평소 사용하는 단어 때문에 창피를 톡톡히 당했다고 한다. 예비 장모가 음식이 입맛에 맞느냐고 묻는 말에 "예~ 핵맛입니다."라고 했던 것이다. 격식을 지켜야 하는 자리에서도 자신도 모르게 은어와 정제되지 않은 표현으로 말하게 된 것이다.

"아까 본 사람 맞지?"

"뭐?"

"형."

"누구?"

"동준 형."

"어디서?"

"버스 정류장에서."

"아까 버스 정류장에서 동준 형 본 것 맞지?" 이 말을 하고 싶은데 왜 수수께끼를 풀게 만들까?

예전에 우리는 '누가', '언제', '어디서', '무엇을', '어떻게', '왜'라는 육하원칙을 분명히 배웠다. 뉴스 기사는 객관적 사실을 정확히 전달하기 위해 육하원칙을 지켜야 한다. 비단 뉴스 기사만이 아니라 우리의 생각을 정확히 말로 옮기기 위해서도 육하원칙은 필요하다. 하지만 이것이 그토록 어려운 일인지. 단어로 말해서 "누가 그랬다고?", "어디를 가서?" 등 듣는 이로 하여금 답답함을 금할 수 없게 하는 이들이 요즘 너무도 많다. '스무고개를 하는 것일까' 착각을 하게 만든다. 우물쭈물 말을 흐리는 사람은 전문직이라는 타이틀을 달고 있다고 해도 자신감이 없어 보일 것이다. 뭐라고 하는지 도저히 들리지 않아 "뭐라고?" 되물으면 심지어 "아무것도 아니다."라고 자신의 말을 없던 일로 만드는 사람도 있다. 내 생각을 제대로 말하고 싶다면, 말하는 습관을 고치자.

TIP. 스피치의 첫 1분, 가볍게 몸을 풀자

경험이 많은 강연자도 새로운 사람들 앞에 서는 첫 1분은 긴장될 수밖에 없다. 서로 안면이 없는 사람들이 모여 어색하며 딱딱한 분위기가 조성되기 때문이다. 그런 분위기에서 강연을 무작정 시작하다 보면 단단한 벽을 깨는 기분이 들기도 한다. 이럴 때 필요한 것이 몸 풀기다. 강연자와 청중이 함께하는 몸 풀기는 강연의 분위기를 확연하게 바꿔놓을 수 있다. 싫은 사람 앞에서 몸이 움츠러들고 좋아하는 사람과는 손을 잡고 가까이 다가서고 싶은 것처럼 마음과 몸은 함께 움직인다.

간단하게 박수를 쳐보자고 유도할 수도 있다. 하루 종일 앉아서 일하는 사람들이 청중으로 앉아 있다면 손을 쭉 뻗어서 뭉친 어깨와 목의 긴장을 풀도록 간단한 체조를 할 수도 있다. 별것도 아닌데 곳곳에서 '어이쿠' 하는 소리가 들리기도 하고, 깔깔 웃는 사람들도 나올 것이다. 몸이 가벼워지면 마음도 훨씬 여유로워진다. 강연자도 긴장을 풀고 강연을 시작할 수 있고, 청중도 열린 마음으로 강연을 들을 준비가 된 것이다.

Lesson 6 |
나는 누구에게 말하려고 하는가

지피지기면 백전백승이라 했다. 요즘은 소개팅을 할 때 그 사람의 SNS를 통해 사전정보를 알아본 뒤 만난다. 그 혹은 그녀가 좋아하는 음식을 찾아보고 최근 관심사에 대해 미리 알고 간다면 소개팅의 성공 확률이 더 올라간다. 대부분 소통에서는 상대(듣는 이)에 대한 정보가 큰 도움이 된다. 시험문제를 풀 때도(면접을 볼 때도) 내가 문제 출제자(면접관)의 입장에서 생각하면 답이 보이듯이 말이다.

나는 주로 성인을 상대로 스피치 교육을 한다. 간혹 어린이들을 상대로 특강을 할 때가 있다. 나는 강의는 일단 재미있어야 한다고 생각하므로 교육 내용에서 유머 코드를 많이 준비한다. 그런데 갑자기 어린이를 상대로 강의 준비를 하려니 난처했다. 강의 내용은 사실 쉬운 말로 풀어 말하면 된다. 문제는 내가 아이가 없다 보니 요즘 아이들의 감성과 생각의 흐름을 잘 모른다는 것이다. 주변을 수소문해서 강의를 들으러 오는 또래 학년 아이들의 학교생활, 생활패턴, 관심사를 조사했다. 이렇게 객관적인 정보를 가지고도 막상 내가 잘 아는 상대가 아니라는 심리적인 압박감에 강의 시작 전부터 내가 아이들에게 지고 들어가는 느낌이었다. 그래서 그날은 더욱 긴장한 채로 강의하면서 아이들의 반응을 심층적으로 살펴야 했다. 이처럼 강의 역시 대중을 향한 스피치이기 때문에 내 강의를 들는 이들에 대한 파악이 무엇보다 중요하다.

　방송을 할 때도 마찬가지다. 모든 프로그램은 작가가 대본을 작성한다. 시나리오가 정해져 있지만 내가 대본만 믿고 방송한다면, 자연스럽고 유연하게 진행할 수 있을까? 누구와 대화하게 되는지, 무엇에 관한 말을 하는지, 이 방송을 보는 시청자 층에 대해서 알아야만 제대로 대본을 소화할 수 있다. 국군 방송일 경우 녹화하는 주에 유격 훈련이 있는 부대가 선정되면, 지인을 통해 유격 훈련의 에피소드를 들려 달라 하고 열심히 메모했다. 그런 준비가 있었기에 녹화하는 내내 부대원들과 공감대를 형성할 수 있었다. 국회 방송의 경우에는 매일 의원들과 제안한 입법안에 대해 인터뷰를 하는 내용이었으므로 각 의원의 성향과 최근 동향 및 제안한 입법안의 관계 기관에 대해 조사하는 것은 필수였다. 의료 정보 프로그램의 경우와 법률 자문 프로그램의 경우, 주제에 따른 출연자와 방송을 보는 시청자 층에 대한 파악이 먼저였다. 큰 차이가 있겠나 싶겠지만 세 가지 프로그램을 동시에 할 때는 일주일간 무지개 같은 이들과 만난다고 할 만큼 출연자와 시청자 층은 판이하게 달랐다. 이처럼 청중을 미리 알아두어 그들의 수준에 맞는 어휘와 어조를 사용하여 청중을 적이 아닌 내 편으로 만들어야 내가 원하는 방향으로 대화나 강의를 이끌 수 있다.

스피치는 일방적인 전달 과정이 아닌 청중에게 무언의 피드백을 받거나 혹은 질의응답 형태로도 진행된다. 그래서 스피치 역량만이 아닌 청중의 반응으로도 스피치의 질이 좌우된다. 일단 스피치의 종류를 살펴보자. 크게는 1:1 스피치와 대중스피치로 나눌 수 있다. 내가 말을 하고 청자가 존재해야만 스피치다. 한두 명의 청자이건, 다수의 청중이건 그들과 통(通)해야 한다. 스피치에 청자가 귀 기울이게 만드는 것이 우리의 목표이다.

먼저 대중스피치를 보자. 실컷 연자가 연설(강의)을 마쳤는데, 고개를 끄덕여 주는 이도 없고 질문도 없고 제대로 호응을 얻지 못하는 경우가 있다. 이건 그야말로 연자 혼자 떠들어댄 것이다. 상대에 대한 호응을 유도하지도 못했고, 벽보고 떠든 것보다 못한 일을 열심히 한 꼴이다. 난 누구랑 얘기하니~

콘서트장을 떠올려 보자. "박수 소리가 너무 작아요. 식사 안 하고 오셨어요?" 하고 박수를 유도한다. 환호가 왜 그것밖에 안 되냐고 묻는다. 그렇게 자신에게 집중시키고 주의를 환기시켜 콘서트의 몰입도를 높인다. 그리고 청중 사이로 뛰어나가 손뼉을 맞추고 마이크를 관객에게 넘기고 참여를 유도한다. 이때 콘서트는 절정이 되고 열기도 오른다. 약간 과장하자면 대중을 향한 스피치는 이와 같은 것이다. 청중의 호응이 있어야만 한다. 그래야 내 말에 빠져들게 할 수 있는 것이다.

호응을 이끄는 방법으로 청중에게 질문을 던지는 쉬운 방법이 있다. 특정인에게 대화를 시도하는 것이다.

1. 스피치 도중 가장 나의 눈을 자주 마주쳐 준 이를 두세 명 지목한다.

   절대 자발적으로 손들고 답하도록 하지 않는다. 당신이라면 대중 속에서 번쩍 손들고 답하겠는가? 거의 이런 질문은 불발될 가능성이 농후하다.

2. 그리고 이렇게 정한 두세 명에게 같은 질문을 한다.

   혹시 나를 지목할지도 모른다는 생각에 딴청을 피우던 사람도 정면을 바라보며 집중하는 모습을 보이게 된다.

3. 구체적이면서도 스피치와 관련된 쉬운 질문을 한다.

   난해하고 긴 답변을 원하는 질문은 삼간다. 청중에게 정보를 얻고자 함이 아니다. 질문의 목적은 내가 답을 주기 위함이다.

4. 각각의 답변에 대한 코멘트는 생략한다.

   가능한 코멘트를 생략하는 것이 좋다. 물론 황희 정승처럼 너도 옳고 다른 너도 옳다고 해 줄 수도 있지만 나의 답변으로 대신하는 것이 좋다. 그 답은 틀렸다는 코멘트를 하게 된다면 답변을 한 사람은 의기소침해질 수 있고, 다른 답변을 할 사람은 갑자기 긴장하게 된다. 청중의 호응을 위해 질문을 던졌다가 자칫 내가 늪에 빠질 수 있다. 그리고 청중의 답변이 진정 동문서답일 경우도 있다. 그래서 코멘트를 더하는 순간 나에 대한 신뢰도를 떨어뜨릴 수도 있다.

5. 질문에 대한 나의 답을 들려준다.

답을 알려줄 내게 청중을 집중시켰다. 이제부터 내가 하고 싶은 말을 시작하는 것이다.

이 호응의 과정은 마치 마술처럼 청중과 나 사이의 벽을 허물어 친밀감을 형성한다. 이렇게 청중과 나 사이의 벽을 허물고 내 의도대로 청중을 이끌 수 있다. 내 말에 대한 신뢰도도 높일 수 있다. 여기서 중요한 것은 말하는 나의 태도이다. '얼마나 청중에 대한 존경과 배려를 갖는지'가 중요하다. 절대로 청중을 무시하면 안 된다는 것이다. 강의장에 가면 주의가 산만하고 강사에게 시선을 맞춰주지 않은 채 팔짱을 끼고 있는 이들이 꼭 있다. '얼마나 대단한 걸 말해주는지 보겠어.', '뻔한 이야기를 할 텐데.', '나한테 별 도움 안 되는데.'라는 표정을 지으며 부정적인 모습을 보인다. 적대적인 태도로 듣기를 시작하는 것이다. 하지만 여기서 겁먹을 필요는 없다. 키는 내가 쥐고 있다. 청중은 언제고 내 이야기에 귀 기울일(listen) 수 있고 내 얘기를 들으면서(hear) 시작한다. 결국 내 스피치에 따라 청중은 나에게 호의적일 수 있고 뜨거운 박수를 쳐줄 수 있다고 바꿔 생각하면 된다. 그런데 군중 심리라는 것이 대단해서 이런 태도를 보이는 이들이 곳곳에 있을 때 강의를 진행하기란 매우 힘이 든다. 그들의 고충에 대해 이해하고 눈높이를 맞추며 그들의 부정적인 견해를 깨부수는 스피치를 시작해야 한다. 물론 어려운 일이다. 그래서 이 과정을 '배려와 존경'이라고 표현한 것이다.

나는 프랜차이즈 요식업체 점주들을 위해 '감성 소통'이란 주제로 강의를 한 적이 있다. 아나운서로 소개되고 강의 주제로 만든 파워포인트를 켰는데 연단을 바라보는 이가 거의 없었다. 짜증 가득 섞인 청중들은 휴대폰을 만지느라 정신이 없었다. 장사하느라 바빠 죽겠는데 아나운서가 와서 '장사가 무엇인지 알고 떠든단 거야'라는 장벽이 생긴 것이다. 그런데 나는 실제로 그 당시 음식점을 운영하고 있었다. 심지어 내가 운영하는 음식점은 배달 서비스까지 갖추고 있어 나는 고난이란 고난을 모조리 짊어지고 있던 상황이었다. 나는 그 강의를 의뢰받았을 때 너무 할 말이 많았기에 그들을 사로잡을 자신이 있었다.

가방에서 내가 운영하는 음식점에서 사용하는 앞치마를 꺼내 두르면서 무대 중앙으로 나갔다. "고객이 주문한 메뉴의 재료가 떨어졌을 때 주문 받으세요?"라고 두 명을 지목해 물었다. 나는 "저는 오늘 아침에도 고객이 원하는 메뉴의 재료가 없었는데 주문을 받았습니다. 게다가 여러 가지 메뉴를 더 주문 받았습니다."라고 말했다. 그러자 청중은 내게 질문을 던졌고, 내가 무슨 말을 꺼낼지 궁금해하며 집중하기 시작했다. 이렇게 내가 그들과 같은 업종에 대한 이해가 있고, 고충을 알고 있다고 넌지시 알려주면서 나의 이야기를 먼저 풀어내었기에 강의를 무사히 마칠 수 있었다. 1:1 대화에서도 마찬가지다. 질문을 하는 것으로 상대방의 주의를 환기시키고 대화를 이어가기 쉽다. 상대의 의견을 물어 화제를 전환할 수도 있고, 내 생각을 설득시키는 방향으로 유도할 수도 있다.

유수 기업의 훌륭한 리더 중에 유독 스피치가 엉망인 경우가 있다. 어떤 연유일까 하고 그의 여러 스피치를 살펴봤다. 위에서 언급한 청중에 대한 배려가 없는 탓이었다. 스피치 도중 나무라는 듯한 내용이 유독 많았고, "내가 말야~", "나는 말야~"라는 본인 위주의 스피치가 대부분이었다. 듣는 이들에 대한 이해는 없고 너희들을 이해하기 힘들다는 식의 폄하 스피치로 갈무리하는 경우가 많았다. 그는 이미 청자를 무시하며 말하기 때문에 청자는 그의 말에 반응을 하지 않고 그 스피치는 별로인 것으로 각인된다. 독불장군에게 친구는 없다. 내 말을 듣는 이에 대해 내가 얼마나 잘 알고 있는지, 청자를 향한 배려가 스피치의 기본임을 항상 명심하자.

요즘 TV 채널이 어마어마하게 많음에도 불구하고, 남녀노소를 막론하고 홈쇼핑 채널에서 넋을 놓은 경험이 있을 것이다. 왜일까? 가만히 보면 지금 꼭 필요한 물건이 아님에도 엄청 마음에 들었던 물건이 아님에도 쇼호스트(쇼핑호스트)의 설명을 들으면 '맞아, 나도 그랬어.' 하고 무릎을 탁 치며 구입의 필요성을 느끼는 것이다. 고객의 심리를 낱낱이 알고 판매하는 그들은 소비자의 눈높이에 맞춰 물건을 사용해 보고 멘트를 준비한다. 그래서 객관적인 정보보다는 감성을 두드리는 멘트가 대부분 판매를 좌우한다. 나는 쇼호스트야말로 진짜 말 잘하는 사람들이라고 생각한다. 불특정 다수에게 강요하지 않고 호소력 짙게 청산유수로 상품을 설명해 한 시간에 많게는 몇 십 억씩 판매를 이뤄내니 말이다.

나 역시도 몇 해 전 TV 홈쇼핑에서 가전제품류를 판매했다. 예를 들면 냉장고 내부 공간이 넉넉함을 표현하기 위해 실제 수치를 언급하는 것이 아니라, 내가 곰국을 끓이고 다음 날 또 우리기 위해 냄비째로 보관하고 싶었는데 수납 칸의 높이가 낮아서 보관 용기에 곰국을 옮겨 담았던 경험을 설명하며, 이제 가능해진 넓은 공간을 어필했다. 개그맨 출신 쇼호스트로 완판남이라고 불리는 이가 있다. 그가 파는 물건은 항상 매진에 매진을 거듭했는데, 그의 말을 들으면 물건을 사지 않을 수가 없다고 한다. "어머님~, 누나~"를 외치면서 물건을 파는데 어찌나 주부의 마음을 잘 아는지. 게다가 그는 딱 내 귀에 대고 말하는 것 같다. 영업은 설득이 성패를 좌우한다. 한마디로 얼마나 잘 꾀느냐가 중요하다. 나의 말로 상대의 가슴을 뜨겁게 만들어야 한다. 보험 상품 영업을 하든, 의류를 판매하든 당신은 얼마만큼 진부하지 않은 말로 그들의 마음을 움직이고 있나?

최근 피트니스 시장이 커지면서 네트워크 피트니스 센터의 헬스 트레이너를 대상으로 '매출 증대를 위한 커뮤니케이션'을 주제로 강의를 했다. 이들은 회원과 계약을 거듭하면서 동료 트레이너들과 경쟁해야 하는 영업 현장에 놓여있다. 회원에게 간택되는 경우도 있기 때문에 운동 지도력뿐 아니라 고객과의 관계 형성을 위한 화술 또한 중요하다. 두 명의 트레이너를 예로 들어 보면 A의 경우 다양한 운동법을 공부한 몸이 좋은 엘리트 선수 출신 트레이너이지만 실적이 좋지 않았다. B의 경우는 시작한 지 얼마 안 되어 몸이 평범한 편이지만 매출에서는 1등이다. 이유는 뭘까? 실제로 상담하는 것과 동일하게 설명을 들어봤다.

A의 상담은 이러했다. "회원님, 저는 중학교 때부터 엘리트 운동 선수였어요. 국가대표 태권도 선수였습니다. 정말 운동을 많이 했

죠. 헌데 부상으로 현역 선수 생활을 일찍 끝내고 명문 체대를 졸업하고 심층적으로 공부하기 위해 캐나다에서 석사과정까지 마쳤습니다. 그래서 카이로프락틱에 대한 지식도 있고, 펑셔널 트레이닝을 통해 회원님의 확실한 바디 밸런스를 잡아 드리겠습니다. 50회 정도 저와 운동하시면 효과가 제대로 날 텐데요. 회당 십만 원인데 50회 하시면 250만 원에~"

A는 회원과 상담 시 자신이 얼마나 운동을 잘 지도할 수 있는지 전문 용어를 사용해 어필했고, 자신의 커리어에 대해 오래 설명했다. 그리고 바로 비용에 대한 이야기를 했다. 꽤 전문가적인 기운이 느껴지면서 뭔가 그럴싸하게 들렸지만, 운동이 어려울 것 같다는 생각과 함께 나와는 거리가 있는 듯한 느낌이었다. 한마디로 A는 상대를 기죽게 만드는 화법으로 상담을 했다. 나 중심의 잘난 척하는 화법은 상대의 호감을 살 수 없다.

B는 "회원님, 갑자기 왜 운동을 하려고 하시나요?" 하고 일단 질문으로 상담을 시작했다. "아~ 결혼을 앞두고 다이어트를 하려고 하시는군요. 목표가 뚜렷하시니 실패하지 않으실 거예요. 제 경우는 소아비만이었어요. 한 번도 날씬한 몸으로 살아본 적이 없어서 많이 먹고, 살이 찐 것에 대해 큰 자각이 없었어요. 물론 주변의 놀림으로 다이어트를 해보기도 했지만 언제나 실패와 요요 현상을 겪

었어요. 그러다 무릎 통증과 고지혈증이 심해져서 어쩔 수 없이 이를 악물고 운동을 하기 시작했어요. 25살인데 살로 인해 아프다는 게 서럽고 한심하더라고요. 그래서 운동으로 다이어트를 성공해 지금은 제 2의 인생을 살고 있어요. 회원님도 해내실 수 있을 거예요."

B는 자신이 운동을 시작했던 계기에 대한 이야기를 들려주었다. B의 이런 이야기를 듣고 회원도 자신의 이야기를 쏟아내면서 B에게 운동을 배우고 싶다는 말을 먼저 꺼내고 비용을 묻고 결제를 한다고 했다. 심지어 B는 A보다 비용을 많이 할인해 주지 않았다. B는 스피치와 커뮤니케이션에서 진정으로 필요한 모든 것을 다 하고 있다. 상대에 대해 정확히 파악했고 자신의 진실한 이야기를 들려줘서 공감을 불러 일으켰기 때문에 매출로 이어졌다. 내 말에 담겨 있는 객관적 정보가 아주 중요할 때도 있지만, 이것을 어떻게 표현해내느냐에 따라 상대의 반응이 달라진다. 대화를 할 때에는 상대가 알아듣기 쉬운 말로 긍정적으로 말하면 된다. 내가 아닌 상대를 기준으로 삼아 보자. 이왕이면 맞장구를 쳐주는 것이 좋다.

TIP. 듣는 사람의 눈높이를 맞춰라

 공자가 각 제후국을 돌아보던 때였는데, 어느 날 그의 말이 뛰쳐나가 한 농부의 밭을 망치고 말았다. 화가 난 농부가 그 말을 끌고 가버리자 공자는 제자 중 가장 언변이 뛰어난 자공을 보내 말을 돌려 달라 설득하게 했다. 그러나 자공은 농부의 마음을 돌리지 못했다. 공자는 그에게 "알아듣지 못하는 이치로 설득하는 것은 성스러운 제사 음식을 들짐승에게 먹이고 새에게 아름다운 음악을 들려주는 것과 다를 바 없지. 그러니 무슨 쓸모가 있겠느냐?" 공자는 이번에는 마부에게 같은 일을 맡겼다. 마부는 농부에게 가서 말했다.

 "당신이 경작한 곡식은 내가 지금까지 본 것 중 가장 잘 여물었소. 그러니 달아난 말이 어찌 당신의 곡식을 안 뜯어먹을 수가 있겠소! 망친 밭은 보상할 터이니 말을 풀어주시오."

 농부는 그 말을 듣고 허허 웃으며 말을 돌려주었다.

Lesson 7 |
나는 무엇을 말하려고 하는가

　평일 낮 시간에 동네 커피 전문점에 앉아 조용히 책을 읽기란 여간 어려운 일이 아니다. 네 명의 아주머니가 큰 목소리로 쉬지도 않고 박장대소하며 3~4가지 주제의 이야길 나누고 있었다. 발성도 좋고, 꽤나 재미난 이야기여서 절로 귀가 간다. 그런데 집에 갈 때 그 이야기가 다 기억이 날까 싶다. 우리는 이분들을 훌륭한 스피커라고 말하지는 않는다.

　말을 잘한다는 것은 그저 멋진 표현력을 구사하는 것이 아니다. 진정성 있는 내용이 포함되어 있어야 한다. 이를 뒷받침하기 위해서는 많은 정보가 필요하다. 결국 말을 잘하기 위해서는 정확하고 많은 정보를 가져야 한다는 것이다. 말의 내용을 구성하는 정보란 객관적인 사실일 수도 있고, 내가 살면서 체득한 교훈, 지혜, 지식 등이 될 수도 있다. 〈냉장고를 부탁해〉란 프로그램에서는 매주 스타의 냉장고를 열어 식재료를 살펴본다. 스타 셰프들은 각자 재료를 골라 자신만의 조리법으로 독특한 요리를 선보인다. 하지만 스타 셰프라도 냉장고에 쓸 만한 식재료가 없다면, 무엇을 만들 수 있겠는가. 반대로 냉장고 속 재료가 다채롭고 풍성한 날엔 TV에 코를 대고 '킁킁' 거리며 군침이 고일 정도로 근사한 요리를 선보인다. 스피치도 마찬가지다. 당신은 요리사이고, 당신의 스피치 내용은 식재료다. 맛있는 스피치를 하기 위해 스피치의 내용이 필요하다.

먼저 스피치의 내용은 객관적이어야 한다. 객관적인 사실을 자료로 갖고 있으려면 인터넷과 책을 통해 뉴스, 전문 지식, 논문 자료 등을 통찰해야 한다. 이러한 과정들이 말의 진정성을 갖게 하고, 깊이 있는 이야깃거리를 제공한다. 그래서 책을 많이 읽은 사람은 아는 게 많기 때문에 알찬 이야기를 할 수 있는 것이다. 나의 경우 보통 이동 중에 혹은 카페에서 책을 보기 때문에 책을 읽고 나면 습관적으로 책의 여백에 간단히 나의 생각을 메모해 두고, 집에 돌아오면 노트에 내용과 감상평을 적는다. 영화를 보고 감상평을 적는 것도 나의 습관 중 하나이다. 아날로그적 감성이라고 할 수도 있겠지만 필요에 의해서 시작하게 됐다. 이러한 기록들은 한동안 진행하던 라디오 프로그램 오프닝과 클로징 멘트를 직접 쓰는 데 엄청난 힘이 됐다. 일단 달변가가 되기 위해서는 시사 상식만이 아니라 인문학적 지식을 쌓는 것을 추천한다. 인문학적 지식을 갖추어야 생각을 정리할 기회가 많아진다.

자료를 수집하는 습관을 가져보자. 요즘은 자신의 관심 기사나 내용을 블로그에 스크랩하는 형태로 정보를 쉽게 수집할 수 있다. 물론 인터넷상에는 허위 사실이나 지나치게 과장된 표현들이 많으므로, 공신력 있는 출처에 대한 확인 작업은 필요하다. 이렇게 정보를 수집하고 나의 것으로 만들다 보면 이에 대한 나의 생각이 정리

된다. 이를 일목요연하게 두 문장 정도로 정리하는 습관을 기른다면, 스피치 주제어를 마련하는 기초적인 연습을 할 수 있다. 상세한 연습은 이 책의 후반부에 제시하겠다.

이제 전문적이고 객관적인 정보 이외에 내용의 진정성에 초점을 맞춰 보자. 남의 생각, 남의 경험을 이야기하는 것과 나의 얘길 하는 것, 어떤 것이 진정성이 있겠는가? 간단하다. 내 얘길 해야 한다. 그러기 위해서는 꼭 특별한 경험이 있어야 할까? 남다른 경험을 했다면, 내 경험에 특별한 의미를 부여할 수 있다면 진정성 있는 진짜 이야기가 가능하다. 평범한 나의 경험에서 새로운 가치 창출을 하는 것이다. 의미 부여에 뛰어난 사람들은 호기심과 관찰력이 뛰어난 경우가 많다. 육아를 단순히 고된 희생의 과정이라고 여기는 엄마 P는 아이가 빨리 잠들기 바란다. 그리고 자는 아이 볼을 어루만지고, 좀 오래 자길 바라며 휴대폰 게임을 한다. 밤낮이 바뀐 육아에 지친 엄마 Q는 자는 아이의 볼을 어루만지며 '네가 나를 철들게 만들었구나.' 하며 자신을 돌아본다. 똑같이 고된 육아로 지쳐있지만, 의미 부여는 판이하게 다르다. 똑같은 일과를 경험하지만 의미 부여 과정에서 이미 생각은 가지를 치고 가치를 창출한다. 어쩌면 생각의 전환 과정을 통해 의미 부여를 할 수도 있고 이는 진정성 있는 이야길 할 수 있음을 보여준다. 살면서 묻어난 경험은 억지로 멋지게 꾸며서 표현하지 않아도 듣는 이로 하여금 믿게 한다. 진정성을 가진다는 말이다.

　나는 최근 일 년도 안 되는 기간 동안, 일상생활은 그대로 유지하면서 13kg이 넘는 체중 감량에 성공을 하고 무려 보디빌딩 대회에 출전했다. 사실 이 경험이 특별할 수도 있고, 어떤 이들에게는 쉬운 일일 수도 있다. 많은 사람들에게 "왜 대회에 나갔어?", "왜 갑자기 다이어트를 했어? 어떻게 했어?"와 같은 질문을 받고 난 뒤 나의 생각을 정리해보았다. 나는 결혼 후 급격히 찐 살로 무너져 내린 자신감을 회복하기 위해 이를 악물었다. 그 과정이 누구나 알듯이 쉽지 않았고, 운동이 힘들고 식단 조절이 힘들어서 포기할까 고민하던 중 대회 출전이라는 목표를 세우고 나 자신과 약속을 했던 기억을 떠올렸다. 그래서 힘든 시기를 넘기고 앞만 보고 달리게 되었고, 그렇게 단기간에 내 자신을 이기고 약속을 지킬 수 있었다. 그렇게 나는 다이어트 경험을 통해 '기혼 여성의 자존감', '제2의 인생', '현대인의 식습관', '심신의 조화', '목표와 과정', '돈으로 살 수 없는 것'에 대한 생각을 정리해 보았다.

　말할 거리를 얼마나 갖고 있는가? 대단한 논문을 준비하는 것도 아닌데, 거창하게 시작할 필요는 없다. 진정성 있는 나의 이야기를 적어 보는 습관을 길러 보자. 쉽게 말해 일기를 쓰는 것만큼 좋은 방법은 없다. 종이에 적어 보는 것도 좋고 페이스북이나 인스타그램에 기록하는 것도 좋다. 가만히 오늘 하루를 돌아보면서 딱 한 가지 이야기를 적어 보자. 오늘 읽은 책도 좋고, 재미있게 보는 드라마도 좋고, 포털 사이트에서 읽은 유명인의 연애에 대한 단상, 오늘 만난 거래처 담당자와 나눈 이야기도 좋다. 길 필요는 없다. 그 내용에 나의 생각을 더해 보자.

TIP. 지금, 여기에 필요한 말을 하자

말을 잘하려면 시기와 장소에 맞는 말을 선택할 수 있어야 한다. 마찬가지로 청중의 만족을 이끌어내는 좋은 스피치 역시 이를 잘 고려한 것이어야 한다. 어느 기업의 강연회에 가서 그 기업을 칭찬하기 위해 다른 기업을 자꾸 들먹인다면 의도는 좋았을지 몰라도 좋은 전략은 아니다. 정치에 민감한 사람들이 모여 있는 자리에서 정치에 대한 견해를 과격하게 주장하는 것 또한 스피치의 실패 요인이 될 수 있다. 이렇듯 스피치의 주제와 방향은 어떤 자리에서 어떤 시기에 누구를 대상으로 하느냐에 따라 분명 달라져야 한다. 아무리 좋은 의도를 갖고 있다고 해도 받아들이는 청중들의 기분을 상하게 한다면 결코 좋은 스피치라고 할 수 없다. 이는 많은 대중을 상대로 하는 스피치가 아니어도 마찬가지다. 사적인 대화 자리에서도 상대방에 대한 충분한 이해와 배려가 있어야 하며 주어진 상황에 대한 명확한 판단이 전제되어야 한다.

Part 2.
스피치로 집중시켜 봐

지금까지 스피치를 하기 위한 기본을 점검해 보고 좋은 스피치의 주춧돌을 하나 놓았다. 대체 뭐가 이렇게 힘든가 의문이 든다면, 정말 열심히 연습을 한 것이다. 그렇지 않고 호흡, 발성으로 목소리와 발음을 바로잡지 못했다면, 다음 장을 열지 마라. 세수하지 않고 화장하는 격이다.

내가 스피치 교육을 하는 대상은 크게 두 부류다. 성인이라는 공통분모에 한 부류는 아나운서 준비생, 또 다른 부류는 일반인이다. 스피치라는 어쩌면 너무도 기본적이고 일상인 것을 교육하지만, 목표 자체가 다르기 때문에 내용 또한 상이하다. 이 책을 펼친 당신은 일상적인 스피치의 질을 높이기 위해 혹은 프레젠테이션을 준비하는 중이라는 전제하에 이야기를 풀어볼 것이다.

Lesson 1 |
눈이 가고 귀가 열리는 말

내가 말을 하고 있는데 상대방이 못 들은 것이 아닌, 안 듣고 있는 경우가 있다. 1:1 대화의 경우도 그러하고 대중 앞에서 강의를 하거나 프레젠테이션을 할 때에도 마찬가지다. 왜 내 말을 듣지 않을까? 간단하다. 청자는 다른 데 관심이 있거나, 내 말이 재미없거나, 들을 가치가 없어서다. 너무 냉혹하지만 그것이 사실이다. 내가 말하는 입장인 경우도 있지만 내가 청자의 입장에서 귀를 닫은 경험도 있을 것이다. 왜 그랬는지 떠올려보자.

내 말에 상대가, 청중이 귀 기울이지 않는다면 진실한 얘기를 하면 된다. 나의 말을 하면 된다. 즉 남의 스토리가 아닌, 그야말로 나의 스토리를 나의 말투로 내가 편한 단어로 이야기하면 된다. 나는 공식적인 행사의 사회자를 맡아 정치인이나 조직의 리더가 하는 축사, 개회사, 강연 등을 듣고 그들의 스피치를 비교해 볼 기회가 많았다. 각양각색의 스피치가 관찰되는데 크게 나눠보면,

- 비서나 부하 직원이 작성해 준 원고나 이미 발행된 책자에 실린 원고를 보고 읽는 경우
- 해마다 회를 거듭하는 행사의 초청자로 초대되어 연도와 계절에 대한 코멘트만 바꾼 채 준비된 원고를 보고 읽는 경우
- 같은 강연 자료로 강연을 하면서 청중이 달라진 행사 자리에서도

변함없이 기존 원고로 스피치를 진행하는 경우

- 본인이 원고를 준비해 와서 스피치를 진행하는 경우
- 본인이 준비한 원고를 들고 나가 덮어두고 스피치를 하는 경우

어떠할까? 어떤 스피치에 청중의 집중도가 높을까?

단연코 마지막 스피치다. 나열한 사례에서 점층적으로 집중도는 올라간다. 왜냐하면 청중은 스피커의 진짜 말이 담긴 얘기에 진정성을 느끼고 공감하기 때문이다. 마지막 스피치는 본인이 준비한 원고이기에 충분히 진실함을 담아 이야기하고 흐름을 파악하고 있으며 현장에서 느낀 생각까지 더해 자연스러운 스피치를 해낼 수 있다. 여러 번 퇴고한 원고에 고급스러운 표현이 더해진다고 해도 내용 파악이 안 되고 바쁜 일정으로 한 번도 읽어보지 못한 채 연단에서 고개를 숙이고 원고를 읽느라 띄어 읽기조차 잘 안 되는 스피치를 누가 귀 기울여 듣겠나. 떠듬떠듬 읽기 바빠서 고개는 점점 원고를 향해 숙여진다. 스피치의 자세와 표현 방식은 다음에 논하기로 한다.

일단 본인이 원고를 썼다고만 해도 자신의 이야기를 하므로 청중은 들으려고 한다. 물론 대중 앞에서의 스피치로 연습과 리허설을 거친 숙련된 스피치라면 가장 완벽하겠지만(읽기를 말하듯이 완벽히 소화하는), 본인이 원고를 썼다고 해도 원고를 표현하는 방식이

나 앞 장에서 살펴본 발음, 발성, 호흡 등이 불안정하다면 신뢰성이 떨어지는 것은 매한가지다. 청자는 신뢰하지 않으면 바로 귀를 닫는다. 위의 사례에서 마지막 스피치를 하는 분들은 공통적으로 특성이 있다. 원래 말을 잘하고, 열정적이고, 센스가 뛰어나다. 여기에서 말을 잘한다는 것은 유머와 위트를 겸비하고 일목요연하게 주고받는 대화가 능수능란하다는 것이다.

최근 조직의 리더는 이 경우에 해당하는 스피치를 구사하는 경우가 많다. 일단 철저히 준비된 원고로 행사에 대해 파악하고 그 자리에 참석하는 청중에 대한 기본 정보를 빠르게 파악한다. 그리고 자신의 이야기와 말로 재치 있게 스피치를 녹여낸다. 어느 누가 들어도 나에게 이야기해주는구나 싶다. 그래서 그의 말을 듣게 된다. 휴대폰을 보고 잡담을 하다가도 고개를 들어 쳐다보고 듣게 된다. 이런 스피치를 하는 이들의 공통점이 있다. 가만히 로봇 같은 자세로 이야기하지 않는다는 것이다. 시선을 나누고, 무대에서 동선을 이리 저리 움직이고, 손과 다양한 몸짓을 더해 스피치를 한다. 원고를 보고 읽는 분들이 어떻게 움직일 수 있고 시선을 나눌 수 있겠는가. 이 모든 표현 방식들이 스피치의 완성도를 높여가는 것이다.

나의 실패 사례가 하나 있다. 지금 생각하면 정말 무모하고 우습게도, 과거 나는 모 방송사 개그맨 시험을 봤다. 일상생활에서 재미있게 말을 하는 것과 달리, 콩트를 짜서 누군가를 웃겨야 하는 도전을 한 것이다. 잘해낼 수 있다고 믿었고, 지인인 유명 개그맨에게 콩트를 짜달라고 도움을 요청하고 불철주야 연습했다. 막상 시험장에 가서는 그야말로 외운 대로 로봇처럼 표현하고야 말았다. 심지어 중간에 멘트를 잊어서 당황스럽게 내용을 이어갔다. 바로 심사 위원이 한마디를 던졌다. "콩트를 받았나 봐요. 어색해요." 밤을 새워 연습한다고, 온전히 내 것으로 만들 수 있는 게 아니었다. 완성도가 좀 떨어져도 적어도 내가 낸 아이디어를 내 말로 구성했다면, 지금 나도 <개그콘서트> 무대에 서있지 않을까 가끔 그날을 떠올리며 웃는다.

예전 요리 프로그램들은 한결같았다. 작가가 작성한 원고대로 진행자가 묻고 요리전문가가 재료를 소개하고 함께 요리를 하며 완성된 음식을 먹어 보는 형태이다. 최근 인기 있는 사업가 백종원 씨의 경우는 좀 다르다. 요리법이나 맛에 대해 자신만의 풍부한 표현법을 쓴다. 그래서 '백설명'이라고도 불린다. 간편하고 쉬운 요리 방법을 친근한 말투로 툭툭 던지듯이 알려 준다. 그야말로 남의 말이 아닌, 그의 경험에서 우러나온 표현인 것이다. 계량 방식도 몇 티스푼, 몇 cc가 아닌 구하기 쉬운 도구로 쉽게 기억할 수 있도록 알려 준다. 그리고 요리하면서 경험한 실수와 주의할 점에 대해서도 알려

준다. 그래서 그의 요리 프로그램은 귀에 쏙쏙 들어오고 먹어 보고 싶고 요리해 보고 싶게끔 만든다. 이렇게 말 속엔 진실이 담겨있다. 말 한마디로 천 냥 빚을 갚는다고 했다. 현란한 미사여구로 덧칠하고 포장해서 말하려 하지 마라. 당신의 말에 힘을 가지려면 허풍과 허세는 빼고 진실을 담백하게 말하자. 그 진실함이 바로 힘이다.

TIP. 티저 광고처럼 호기심을 자극하자

'선영아 사랑해'라는 유명한 광고가 마치 구인 광고처럼 거리 곳곳에서 목격되던 때가 있었다. 흰색 종이에 큰 글씨로 '선영아 사랑해'라는 문구만 적혀 있었고, 그 외에는 다른 어떤 정보가 담겨 있지 않았다. 사람들은 불완전한 것을 보면 완전히 채우고 싶은 욕구를 느낀다. 그 말은 강한 호기심과 흥미를 갖게 된다는 뜻이기도 하다. '선영아 사랑해'라는 문구 대신 상품 혹은 서비스에 대한 설명이 자세히 적힌 종이가 붙어 있었다면 사람들은 그냥 지나쳤을 것이다.

스피치에서도 사람들의 호기심을 자극하는 요소가 반드시 필요하다. 지나치게 친절한 설명이 청중들을 지루하게 만들 수 있다. 때로는 엉뚱하고 기발한 단어 몇 개가 청중의 눈을 반짝이게 만들 수 있다. 모든 걸 다 말하려 하지 말고 청중이 흥미를 갖고 생각하고 궁금해할 수 있는 기회를 만들어주자. 스피치가 훨씬 풍성해질 수 있을 것이다.

Lesson 2
너와 나의 연결고리

도대체 내 얘기를 듣게끔 하려면, 집중하게 하려면 어떻게 해야 할까? 젊은이들이 열광하는 래퍼를 살펴보자. 일반 가수와 래퍼는 좀 다르다. 내가 볼 땐 적어도 그렇다. 유난히 요즘 세대가 래퍼에 열광하는 이유는 뭘까? 디스를 하고 솔직한 자신의 이야기를 풀어내 랩을 한다. 조금은 자극적인 표현을 쓰기도 하지만 쉽게 꺼내 놓지 못하는 이야기를 꾸미거나 멋진 미사여구를 곁들이지 않고 솔직하게 말하기 때문에 열광하는 것이다. 나도 그런 상황에 처한 적이 있지만 말하지 못했고, 나도 그런 감정을 느꼈지만 표현하지 못했기 때문에 그 랩에 공감을 하는 것이다.

공감(共感) : 남의 감정, 주장, 의견 따위에 대하여
자기도 그렇다고 느낌.

공감의 사전적 정의는 이렇다. 쌍꺼풀 수술을 예약하고 나면 길을 갈 때 쌍꺼풀 있는 여자만 보인다. 입영통지서를 받으면 군복 입은 사람이 유난히 눈에 띈다. 내 마음이 흘러가는 모양이 이러하면 다른 사람도 마찬가지다. 우리가 대화를 하면서 혹은 대중 앞에서 스피치를 할 때 망설이거나, 말을 더듬고, 두려운 이유는 자신감이 없어서이다. 왜 자신감이 없을까? 어쩌면 솔직하지 못해서이다. 그럴싸하고 싶다는 것이다. 뭔가 멋져 보이고 싶고, 꾸며낸 이미지를 만

들고 싶고, 때로는 나 자신을 제대로 알지 못한다. 그래서 자기소개부터 멘붕에 빠지는 것이다. 지금 무작정 자기소개 좀 해 보자고 하면 남녀노소 모두 답답해한다.

　나도 첫 수업에 자기소개부터 하자고 하면 어김없이 교육생들은 당혹스러운 표정을 보인다. 울상을 짓기도 하고 생각할 시간을 달라는 경우, 회사나 학교명에 이름만 말하는 경우도 많다. 다른 누군가에 대한 소개보다 자신에 대한 소개가 가장 어렵다고 하소연한다. 적어도 어린 시절을 돌이켜보면 자기소개가 이 정도로 형편없지는 않았다. 고리타분하지만 나의 이름, 가족소개, 좋아하는 색깔, 좋아하는 운동 종목, 좋아하는 음식을 나열해서 말하고 장래희망까지는 말하지 않았나. 그런데 나이를 먹을수록 나에 대해 모르는 것 같다. 나 자신에 대해 얼마만큼 알고 있는가? 왜 나에 대해 잘 모르는 것일까? 자기소개서를 그렇게 썼지만, 막상 말로 하려면 왜 그렇게 어려운 것일까? 지금 당장 다섯 문장으로 자기소개서를 써 보자.

　일주일간 생각 날 때마다 나를 표현하는 단어, 내가 주로 하는 일, 주로 찾아보는 SNS의 피드를 메모해 보자. 그렇게 해 보면 나를 설명할 수 있는 말이 생겨날 것이다.

　스피치란 공감대로 소통하는 것이다. 쉽게 인스타그램을 생각해 보자. 각자의 관심사와 자신을 표현하는 단어로 검색해서 팔로워가 되고 맘에 드는 게시물에 '좋아요'를 눌러 표현하고 생각을 나눈다. 이것이 바로 소통이다. 솔직하게 표현하고 특정인에게 던진 이야기가 아님에도 관심사가 같은 이는 이에 공감을 표현하는 것이다. 1:1 스피치(대화)의 경우 공감은 더없이 중요하다. 두 사람의 대화란 간단히 생각해 보면 탁구, 테니스와 같은 것이다. 물론 두 사람의 관계에 따라 아주 드물게 일방적으로 듣고만 있어야 하는 경우도 있다. 보통의 경우 대화는 한쪽에서 공을 던지면 다른 한쪽은 받아칠 준비를 하고 있는 것이다. 대화가 어렵다는 것은 주고받는 것이 정상적이지 않다는 것이다.

소개팅에 나온 잘생기고 스마트한 남성은 자신의 실험 프로젝트에 대해 나지막한 목소리로 10분간 쉬지 않고 말한다. 시간이 흐를수록 집에 가고 싶다는 생각이 든다. 아무리 잘생겼어도 상대는 강의를 들으러 나온 여성이 아니므로 대화가 불가능한 이 남자의 소개팅은 실패다. 상대도 비슷한 업계에서 일하는 경우라면 얘기는 다르겠다. 하지만 남자가 솔직하고 사회적으로 인정받는 업적에 대해 얘기했다고 해도 상대방의 공감을 이끌어내지 못하고 자신의 이야기를 듣게끔 하지 못했으므로 이 남성은 천부적으로 대화에 소질이 없는 것이다. 쉬운 나의 말로 솔직한 나의 이야기를 상대와 나누는 것이 대화다.

나의 말을 듣게 한다는 것이 이토록 어려운 일이다. 그래서 잘 듣게 하려면, 나와 상대의 공감대를 주축으로 이야기를 해야 한다. 그리고 상대의 이야기를 잘 들어주어야 상대도 나의 이야기를 잘 들어줄 것이다. 이것이 경청이다. 사실 일상생활에서 대화는 말하기보다 듣기가 더 많다. 지금까지 말하기에 대해 주로 설명했는데, 당신은 얼마나 경청을 잘하는가? 어쩌면 경청을 정말 안 하고 있는 것이 우리 현실이다. 왜냐하면 '너' 중심이 아니라 '나' 중심으로 말하기 때문이다. 내 기준으로 말하고, 내가 할 말을 생각하느라 혹은 다른 생각을 하느라 상대의 말을 잘 듣지 못한다.

예를 들어 강아지 용품 창업 설명회에서 상담 담당자가 "반려견 시장이 무한대로 성장하고 있어서 투자 가치가 분명합니다."라고 말하는 데 당신은 집에서 혼자 무료해 할 강아지가 머릿속에 떠오르며 빨리 들어가서 강아지와 산책을 해야겠다고 생각을 한다. 산책로를 한강으로 할까, 동네 뒷산으로 할까. 저녁 식사를 한 후에 가야 하나. 투자 가치에 대한 설명은 귀에 들어오지도 않는다. 기억에 남을 리가 없다. 내가 듣고 싶은 것을 듣고 그와 연관된 생각을 하게 되는 것이 보통이다. 나도 당신도 이렇게 잡념과 몽상에 사로잡혀 대화의 맥이 뚝뚝 끊긴 경험을 해봤을 것이다. 그렇기 때문에 그저 듣는(hear) 것이 아니라 귀 기울여 듣는(listen) 것이 중요하다.

내가 당신의 말을 잘 듣고 있다는 표현 역시 해주어야 한다. 그런데 제대로 듣지도 못하는데, 어떻게 공감의 표현을 할까. 일단 제대로 상대의 말을 들어야 한다. 부디 말을 끝까지 들어야 한다.

내가 현재 듣는 이라면 듣는 목적을 떠올려 보자. 그리고 상대의 말에 집중한다. 다음은 상대 이야기의 요점을 파악해 보자. 무조건적으로 받아들이는 것이 아니라 나의 잣대로 비판적으로 들어 보자. 상대에게 동감을 표하거나 다른 견해를 밝힐 수 있다. 질문을 할 수도 있을 것이다. 이렇게 대화를 생산적으로 발전시킬 수 있다. 처음부터 끝까지 상대의 말에 집중했다면 이야기의 요점과 듣는 목적을 상기하는 것이 어렵지 않다. 바로 '역지사지'를 행하라는 것.

실제로 스피치 교육 중에 나는 말하기보다 듣기 연습을 먼저 시킨다. 적지 않은 상태에서 앞서 들려준 이야기의 내용을 요약해서 발표를 시켜 보면, 제대로 기억하는 이가 많지 않다. 우리는 말하기 듣기가 아니라, 듣고 말하기를 연습해야 한다. 그래야 말을 잘 할 수 있다. 방송 진행자의 경우 타인의 말을 듣고 요약 정리해 핵심만 뽑아 질문을 하기 때문에 말을 잘한다고 평을 한다. 상대 말의 핵심 단어를 다시 한 번 언급하는 것으로 경청의 표현을 한다.

평범한 대답과 경청의 표현이 담긴 대답을 비교해 보자.

"나 어제 진짜 오랜만에 연남동 갔다가 깜짝 놀랐다."
→ "어떤데?"
→ "아~ 연남동! 요즘 대단하지. 나도 조만간 둘러봐야지 했는데, 분위기 어때?"

"나 이 귀걸이 삼천 원 줬다. 어때?"
→ "잘 샀어."
→ "삼천 원? 어머 삼만 원이라고 해도 믿겠어. 너무 잘 샀다."

"여름철 가족 여행은 장비 사는 데 돈이 좀 들어서 그렇지 캠핑이 낭만 있어."
→ "그렇구나."
→ "와~ 캠핑에 입문했구나."

"김 대리, 금요일인데 치맥 할까?"
→ "네."
→ "와~~ 치맥 좋죠!"

이처럼 상대의 핵심 단어를 반복하는 것은 의외로 큰 효과가 있다. 정말 귀 기울여 듣고 있다는 표현인 동시에 감탄과 관심의 표시이기 때문이다. 피드백을 나누면서 상대와의 연결고리를 공고히 하게 된다. 나의 경청을 확인 받는 순간 둘 사이에 좋은 에너지가 생겨나고, 대화가 좋은 방향으로 흘러간다. 좋은연애연구소 김지윤 소장의 유명한 강의를 영상을 통해 본 적이 있다. 여자 친구 말의 마지막 단어를 따라서 반응해 주면 데이트 분위기가 좋아지고 여자 친구의 기분도 좋아진다는 것이다. 부부 싸움을 예로 들어 보자.

"당신 방금 내가 뭐라고 했는지 알고 대답한 거야?"

"알아."

"내가 뭐라고 했어? 왜 듣지도 않고 알았다고 해. 무슨 생각하는 거야?"

"안다고."

"뭐가 미안한지 말해 봐. 무조건 잘못했대."

　이렇게 사소한 대화로 부부 싸움이 시작된다. 사실 잘 듣고 있지도 않았고, 들었다고 해도 대충 들은 척한 것이다. 대꾸하기 싫은 마음 상태를 그대로 드러낸 것이다. 내가 표현하는 대로 상대가 알아채게 되는 것이 대화다.

　좋은 대화란 나의 말이 잘 들리게 하고, 상대의 피드백을 받아 긍정적인 에너지로 생각을 주고받는 것이다. 영화 <E. T.>에서 서로의 검지 손가락을 맞붙여서 소통하는 장면을 떠올려 보자. 나 혼자 혹은 상대 혼자 손가락을 내밀고 있으면 소통할 수 없다. 서로 간의 피드백을 통해 긍정적인 에너지를 교환하고 양방향 소통을 해야 한다.

대화를 유연하게 만드는 방법

- **상대의 눈을 보고 미소 지어라.**
  백 마디 우호적인 말보다 좋은 에너지를 발산할 수 있다.

- **이미 들었던 말이라도 무 자르듯 말을 끊지 말고 일단 듣는다.**
  했던 말이라고 말을 가로채면, 은연중에 무시당한 느낌을 지울 수 없다.

- **상대의 말을 끝까지 듣고 말하자.**
  중간에 끼어들면, 전혀 다른 말을 하게 된다. 이 또한 무시하는 행동이다. 조금만 여유를 갖고 들어보자. 대화는 예의를 지키는 것이 기본이다.

- **정치나 종교, 응원하는 스포츠 팀과 같은 입장 차이가 나는 주제는 꼭 필요한 경우가 아니면 꺼낼 필요가 없다.**
  이왕이면 두 사람이 한 방향으로 갈 수 있는 대화 주제가 좋다.

- **아무리 친한 사이라도 부디 상대를 깎아내리는 말은 삼가자.**
  감정을 건드리면 싸움을 거는 것이다. 상대의 체면을 살리는 것이 나의 인격을 올리는 것이다. 싸움을 걸면 대화를 이어가기 힘들다.

- **앞서 대화 내용을 정리하고 화제 전환을 한다.**
  TV를 보다가 옆 사람이 갑자기 채널을 돌리면 기분 나쁘지 않은가.

자기중심적인 태도는 대화를 중단하게 만든다.

- **상대를 기꺼이 칭찬해 준다.**

  조금 과하게 표현해도 좋다. 칭찬은 고래도 춤추게 한다.

- **혼자만 아는 전문 용어나 현학적인 표현은 삼간다.**

  상대를 기죽이면 장벽이 생긴다. 전혀 멋져 보이지 않는다. 대화는 쌍방향 소통이다.

- **단정 지어 말하지 않는다.**

  상대방의 생각과 입장이 전혀 다를 수 있고, 내가 잘못 알고 있을 수 있다. 겸손함의 미덕은 대화에서도 통한다.

- **이왕이면 긍정적인 표현을 사용한다.**

  "서류 작성을 잘못했네. 다시 만들어 와."보다는 "서류에 작성 항목을 좀 바꾸면 좋을 것 같은데. 자네 생각은 어때?"라고 말하는 것이 좋다. 다시 하라는 명령임은 변함없지만, 청자가 명령을 권유처럼 느끼면 흔쾌히 받아들일 수 있다.

- **과장된 표현을 자주 쓰지 말자.**

  거기 제일 유명한 곳이래. 요즘 너무 가고 싶었어. 모든 메뉴가 환상적인 맛이래. 이처럼 최상급의 표현이 지나치면 오히려 신뢰성을 잃게 된다. 과연 그럴까 싶다.

TIP. 청중이 듣고 싶어 하는 말을 찾아라

중화민국 초대 대통령이었던 원세개가 어느 날 낮잠을 자고 있었다. 마침 한 시녀가 인삼탕을 들고 들어왔다가 실수로 떨어뜨리는 바람에 인삼탕을 담은 옥그릇이 깨지고 말았다. 그 그릇은 조선 왕실에서 얻은 희귀한 보배였다. 원세개는 잠에서 깨 노발대발했고, 시녀는 새파랗게 질리고 말았다.

"이년! 네가 죽고 싶어 환장을 했구나!"

"제 잘못이 아닙니다. 소인이 인삼탕을 들고 왔을 때 침대에 누워 있던 것은 총통이 아니었습니다."

시녀의 말에 원세개는 더 화가 나 다그쳐 물었다.

"내가 아니면 누구란 말이냐!"

"말씀드리겠습니다. 침대 위에 누워 있던 것은 발이 다섯 개 달린 금룡이었습니다."

시녀의 말에 원세개의 분노는 누그러지고 말았다. 자신이 용의 모습으로 화했으니 황제의 꿈을 이룰 수 있을 것이란 생각이 들었던 것이다. 그는 시녀에게 큰 상을 내렸다.

Lesson 3 |
스토리텔링

　스토리텔링이란 말이 난무하다. 정말 많이 들어봤을 것이다. 말 그대로 story + telling, '이야기를 말하다'이다. 즉 상대방에게 알리고자 하는 바를 재미있고 생생한 이야기로 설득력 있게 전달하는 행위이다. 최근 스토리텔링은 여러 가지 유익하고 설득력 있는 수단으로 이용되고 있다. 마케팅 기법으로 활용되어 광고에서도 자주 접할 수 있다. 박카스는 우리가 알고 있는 대표적인 피로회복제이다. 박카스의 최근 광고 '대한민국에서 OOO로 산다는 것'을 떠올리면 단번에 스토리텔링의 막강한 영향력을 느낄 수 있을 것이다. 바로 공감의 힘이다.

　막상 스피치 교육에서 스토리텔링을 하자고 하면, 굉장히 어려워한다. 어떤 에피소드로 이야기해야 할지 막막해하는 것이다. 그런데 딱히 어려운 게 아니다. 대화의 모든 기반은 이야기 하는 것에서 시작하고 끝나기 때문이다. 이야기를 잘 알아듣게 하는 것이 핵심이다. 쉽게 말하자면, 어렸을 적 이솝 우화나 전래 동화를 읽었던 기억이 나는가. 이를 통해 우린 교훈을 얻었다. 이처럼 전하고자 하는 핵심 메시지를 이야기로 전하는 것이 스토리텔링인 것이다. 이것이야말로 상대의 공감을 이끌어 설득하는 과정이다. 좋은 스피치의 필수 조건 아니겠나. 내가 어떻게 살을 붙여 표현해내는가가 중요하다. 아직도 감이 잘 오지 않는가. 3F를 기억하자.

FACT | 내가 경험한 일
FEEL | 내가 느낀 것
FIND | 내가 얻는 가치

궁극적으로 내가 들려주고 싶은 것은 세 번째 F이다. 그 가치를 나의 경험을 통해, 감정을 통해 드러낸다면, 충분히 듣는 이의 공감을 얻을 수 있게 된다. 나의 경험이 지극히 개인적인 것에서 보편성을 띄게 되는 순간 스토리텔링은 힘을 발휘한다.

양화대교 Zion.T

우리 집에는 매일 나 홀로 있었지 아버지는 택시 드라이버
어디냐고 여쭤 보면 항상 양화대교
아침이면 머리맡에 놓인 별사탕에 라면땅에
새벽마다 퇴근하신 아버지 주머니를 기다리던 어린 날의 나를 기억하네
엄마 아빠 두 누나 나는 막둥이 귀염둥이 그날의 나를 기억하네 기억하네
행복하자 우리 행복하자 아프지 말고 아프지 말고
행복하자 행복하자 아프지 말고 그래 그래
내가 돈을 버네 돈을 다 버네 엄마 백 원만 했었는데
우리 엄마 아빠 또 강아지도 이젠 나를 바라보네
전화가 오네 내 어머니네 뚜루루루 아들 잘 지내니
어디냐고 물어보는 말에 나 양화대교 양화대교
엄마 행복하자 아프지 말고 좀 아프지 말고
행복하자 행복하자 아프지 말고 그래그래
그때는 나 어릴 때는 아무것도 몰랐네 그 다리 위를 건너가는 기분을
어디시냐고 어디냐고 여쭤 보면 아버지는 항상 양화대교 양화대교
이젠 나는 서 있네 그 다리 위에
행복하자 우리 행복하자 아프지 말고 아프지 말고
행복하자 행복하자 아프지 말고 그래
행복하자 행복하자 아프지 말고 아프지 말고
행복하자 행복하자 아프지 말고 그래그래

자이언티는 홍대 입구에서 놀다가 집에 들어가면서 건너던 양화대교를 통해 삶의 무게를 담아냈다. 그 이후 양화대교를 지나면서 집에 전화를 거는 이도 있고, 양화대교를 보면 부모님 생각이 나서 눈물이 난다고 노래 후기를 전하는 이도 봤다. 가장의 무게란 우리 아버지에게도 무겁게 느껴지고 내게도 무거운 것이다. 우리 가족이 행복하길 바란다는 말을 무미건조하게 한 것이 아니라 이야기로 풀어냈기 때문에 우리는 감동받는 것이다.

  이처럼 스토리는 내 말에 힘을 실어 준다. 내 말의 가치를 높여 주는 것이다. 그러려면 구체적인 실제 에피소드를 담아 이야기해야 한다. 상대는 눈을 반짝이며, 귀에 쏙쏙 들어오는 나의 말에 집중하고 있을 것이다. 예능 프로그램을 보면서 우리가 재미있게 웃을 수 있는 이유는 유재석이나 신동엽, 컬투, 김구라 등이 무궁무진한 에피소드로 무장하고 이야기하기 때문이다. 타고난 달변가이기도 하겠지만 다양한 에피소드로 이야기를 풀어내는 노력을 했기에 우리가 그들의 말에 빠져드는 것이다. 그래서 요즘 인기 교양 프로그램을 보면 패널의 수를 점점 늘린다. 다양한 에피소드를 풀어내면 더 많이 사람들의 공감대를 형성할 수 있기 때문이다.

  최근 인기 강사 설민석의 한국사 강의를 여러 채널을 통해 볼 수 있다. 나도 우연히 본 적이 있는데, 눈을 떼지 못하고 끝까지 강의를 다 보았다. 수능을 준비하는, 특히나 한국사가 암기 과목이라 외우기 어렵다고 생각하는 학생들에게 이렇게 주의를 환기시키며 빠져들게 만드는 강의는 필수라고 생각한다. 예를 들어 세종대왕은 조선 시대 성군이었고 애민정신을 바탕으로 지금까지도 많은 이들의 존경을 받고 있다고 설명하는 대신, 오늘 강의의 주제는 경청이라고 못을 박는다. 그리고 한글을 만들게 된 연유에 대해서는 자격루를 탄생케 한 일화를 들려주며 '경청'이 세종대왕 업적의 토대가 되었다고 설명한다. (물론 설민석 강사의 전공인 연기력-뛰어난 표현력-이 강의의 전달력을 탁월하게 높였다.) 먼저 강의의 주제를 밝혔다. 그리고 이를 뒷받침하는 사례를 들어 주었고, 다시 한 번 주제를 각인시켜 주었다. 그래서 그의 강의를 듣고 나면 외우지 않아도 국사를 이해하는 과정으로 쉽게 기억할 수 있는 것이다. 정보 전달 과정이라면 이것이 무엇보다 중요하다. 그래서 만화로 읽고 사극으로 보면 내용이 기억에 확실히 남는 것 아닌가.

갈대밭에서 임금님 귀는 당나귀 귀라고 외치고, 벽을 보고 상사욕을 하는 것이라면 순서 없이 마구 소리치고 나열하기 식의 외침이어도 상관없다. 하지만 듣는 이가 분명 존재하는 스피치에서는 일단 기승전결의 형태가 필요하다. 파워 블로그나 인기 인스타그램에는 볼거리나 읽을거리가 많다. 게다가 일목요연하게 말하고자 하는, 보여주고자 하는 사진과 설명이 깔끔하게 정리되어 있다. 쓰기에만 해당하는 것이 아니다. 말하기도 마찬가지이다. 스토리텔링은 기승전결을 지켜야 한다는 것이다. 기란 문제를 제기하고, 승은 문제를 전개하고, 전은 결정적으로 방향을 전환하고, 결은 거두어 끝맺음을 뜻한다. 아줌마들의 '아침에 끓인 미역국에서 시작해 다음 주 등산 모임으로 끝나는' 수다와는 달리 구조를 갖춘 스피치를 준비해야 한다.

　운동을 할 때를 떠올려 보자. 먼저 몸을 가볍게 움직여 열을 내고 근육의 긴장을 풀어 준다. 그 후 점차적으로 중량을 올리면서 운동을 하고 스트레칭을 해서 마무리한다. 그래야 부상이 없고 각 동작에 맞는 부위의 근육을 성장시킬 수 있다. 내가 풀어내려고 하는 에피소드를 정했다면, 먼저 이 에피소드가 내가 말하려는 메시지에 적합한지 검토해 보자. 그리고 에피소드의 갈등 상황과 극복 과정을 풀어내고 재미와 감동을 주는 요소가 드러나도록 전개한다. 두려워하지 말자.

> 다음 주제로 스토리텔링을 해 보자

학창시절, 가족, 여가, 활동, 음식, 정치

난감하고 난해한 주제인가? 아주 평범하고 포괄적인 주제이다. 일부러 아주 포괄적인 주제를 제시했다. 이런 제시어 속에 나만의 이야기를 무궁무진하게 담아낼 수 있다. 긍정적인 견해 혹은 부정적인 시선으로 시작할 수도, 사회적 이슈를 언급할 수도, 나의 경험을 서술적으로 나열할 수도 있다. 내가 가장 잘 아는 이야기를 소주제로 삼아 에피소드를 정리하고 생명을 불어넣어 보자. 나는 집에서나 운전할 때 주로 라디오를 켜 둔다. DJ가 사연을 보내달라고 주제어를 정해줄 때 혼자 스토리를 정리해 보곤 한다. 일상 속에서 연습해 볼 방법은 무궁무진하다.

평상시 메모하는 습관은 스토리텔링의 힘을 키워 준다. 나는 아날로그적인 요소가 아직 편하다. 녹음하고 찍고 휴대폰에 저장해 두는 것이 익숙하지 않아서 일수도 있지만 항상 조그만 수첩과 4색 볼펜을 들고 다니며 나만의 수식과 기호를 활용해 메모한다. 재래시장에 가는 길에도 4색 볼펜이 손에 있어야 맘이 편하다. 혹자는 이를 직업병이라고 할 정도다. 기억나는가? 일주일 내내 기다리며 봤던 <별에서 온 그대>, <해를 품은 달>, <구르미 그린 달빛>, <응답하라 1988>, <태양의 후예>, <38사 기동대>. 당시에는 주인공의 대사까지 달달 외울 정도였지만 지금은 저 드라마들의 방영 순서도 헷갈릴 것이다. 이렇게 시간이 지나서 가장 빨리 잊게 되는 것이 바로 눈에 보이는 것이다. 보이는 것(20%) < 들은 것(30%) < 행한 것, 적은 것(90%) 순으로 우리 기억에 남는다. 내 주방에는 노트와 펜이 있다. 요리를 할 때도 항상 해 먹는 찌개나 밑반찬은 레시피가 기억난다. 하지만 가끔 해 먹는 별식의 경우 지난번에 기가 막히게 맛있게 해냈다고 해도 막상 다시 하려면 레시피가 필요하다. 인터넷에 각종 레시피가 난무하지만, 각자 입맛도 다르고 조리하려는 양도 다르다. 나만의 요리 노트는 그래서 만들게 됐다. 우리는 망각의 동물이다. 적어 두면 언제라도 써먹을 수 있다. 습관은 성공의 발판이다.

TIP. 청중이 누구냐에 따라 스피치 전략도 달라져야 한다

1954년 중국 총리였던 주은래가 제네바 국제회의에 참석했을 때의 일이다. 중국 대표단은 해외에 중국의 문화를 알리고자 외국 기자를 대상으로 중국 영화 감상회를 마련했다. 상영작은 두 남녀의 비극적인 사랑을 경극 형식으로 담은 <양산백과 축영대>였다. 영화를 처음 접하는 외국 기자들의 이해를 돕기 위해 수행원들은 16쪽에 달하는 설명서를 만들었다. 그러나 설명서를 본 주은래는 수행원들을 꾸짖었다.

"이건 소귀에 경 읽기네. 영화를 보러 오는 사람들을 전혀 고려하지 않았단 말이야."

그리고 이렇게 말했다.

"초청장에 한 구절만 쓰게. '예술 영화 <중국의 로미오와 줄리엣>을 감상하시기 바랍니다.' 이렇게 말일세."

수정된 안내문은 외국 기자들에게 높은 평가를 받을 수 있었다.

Lesson 4
마인드맵

지금까지 듣기 말하기를 언급했는데 이제 쓰기에 대해서 살펴보려고 한다. 쓰는 일이 점차 생소해지고 있다. 물론 키보드로 문서를 작성하는 일은 많겠지만, 펜을 잡고 자신의 생각을 서너 문장으로 작성하는 일이 참 드문 현대인에게 할 말을 써 보자고 하면 그야말로 난감해한다. 특히나 주제어로 문단을 작성해 본 일은 정말 까마득할 것이다. 대학 입시 논술이나 졸업 논문의 기억을 떠올릴 수도 있다. 단어 혹은 한두 문장으로 리플을 작성하는 일에 익숙한 우리는 이제 쓰기를 연습해야 한다. 컴퓨터 키보드를 두드리면서 생각을 적어도 좋다. 하지만 이왕이면 손에 펜을 쥐고 종이를 펼치자고 감히 말하련다. 손에 쥔 펜으로 무언가를 적어 나갈 때 다른 기기를 이용하는 것보다 조금 더 생각의 흐름이 자발적이고 상세하고 풍부해진다.

나는 경영학을 전공해서 도표 그리기, 도표 분석하기에 익숙한 편이다. 학부 시절 지긋지긋할 정도로 도표를 정리하는 팀 프로젝트에 시달렸다. 공감하는 학생이나 직장인들이 많을 것이다. 잘 생각해 보면 재무제표를 통해 기업의 재무 현황을 한눈에 알아볼 수 있고, 건축도면을 보면 지어질 건축물의 조감도를 머릿속에 그려볼 수 있다. 이처럼 표와 그림으로 모든 정보를 집약적으로 정리하는 과정은 글을 쓸 때도 필요하다. 앞 장의 주제어를 다시 활용해 보자.

'음식'이라는 주제어로 4가지 파생어를 만들어 보자.
(공란을 직접 채우기)

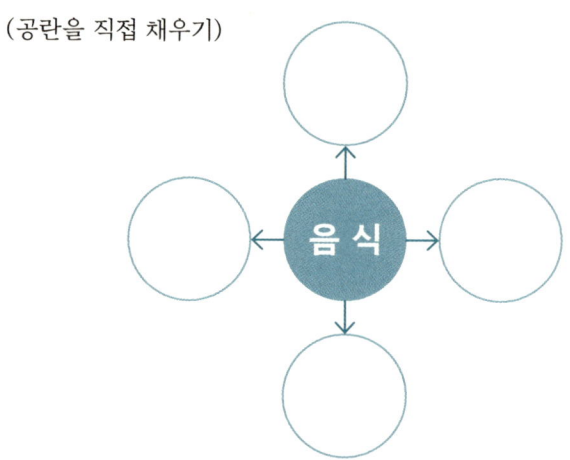

그리고 각각의 파생어로 전하고 싶은 핵심 메시지와 그 방향을 설정해 보자.

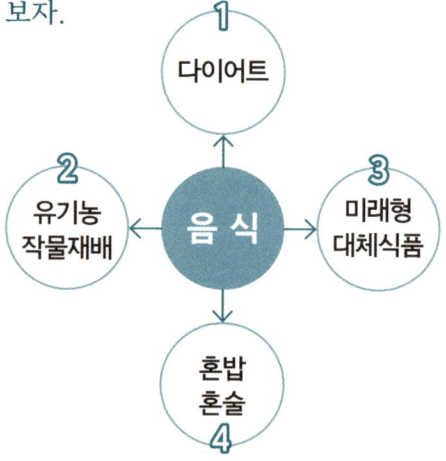

- 다이어트

  다이어트의 90%는 식단 조절에 있다. 음식을 먹지 않는 것이 아니라 제대로 먹는 방법으로 다이어트를 소개한다.

- 유기농 작물재배

  웰빙 음식이 대두되면서 귀농민들에게 유기농 작물 재배가 고소득을 창출하는 효자 아이템으로 떠올랐다. 유기농 야채와 과일 등이 적게는 두 배 또는 그 이상으로 판매되는데, 이것이 믿을 만한 유통 과정을 거친 것인지 적합한 가격으로 소비자에게 전달되는지 논할 수 있다.

- 미래형 대체식품

  바이오 업계에서는 미래형 대체 식품을 개발하는 데 많은 투자를 하고 있다. 단백질을 제공하는 곤충이 이미 시중에 판매되고 있는데 이에 대한 견해를 말할 수 있다.

- 혼밥 혼술

  1인용 화로가 설치된 고깃집이 늘고 있다. 하루 종일 업무에 시달리고 사람 간의 스트레스가 늘면서 혼자 밥을 먹고 혼자 술을 마시는 사람들도 늘어났다. 현대인의 문화를 풀어볼 수 있다.

당신은 음식이라는 주제어에서 어떤 파생어를 만들었는가? 이렇게 만든 파생어로 내가 말하고자 하는 핵심 메시지를 만든다. 이 핵심 메시지의 방향을 설정하고 이에 따라 각각의 사례를 정리하면 된다.

각자의 방식으로 정보를 나열하고 정리하는 과정은 한눈에 알아보기 쉽다. 내가 말하려는 목적에 따라 방대한 자료가 존재한다. 이 자료가 선별되어 정보가 되는데, 이 정보에는 핵심 메시지가 존재한다. 이 메시지를 뒷받침하는 논리적이고 객관적인 사례들을 뽑아낸다. 그리고 이렇게 쓰기 연습이 충분히 이루어지면 도면을 작성하는 과정이 머릿속에서 자연스럽게 이루어진다. 대화를 할 때에도 내가 말하려는 바를 충분한 사례를 들어 명확하게 말하면 신뢰를 얻고 설득을 할 수 있게 된다. 말하다 보면 내가 무슨 얘길 하려고 이 말을 하는지 중언부언하게 되는 경우가 있는데, 머릿속에서 정리와 구조화 과정이 이루어지지 않았기 때문이다. 아플 때나 술 마신 다음 날 머리가 멍해서 하려던 말이 정리가 안 되는 경우를 떠올리면 된다. 이런 경우 대화가 산으로 간다. 이것이 자연스럽게 이루어지는 이들은 여기에 번뜩이는 아이디어로 유머를 겸비하게 되는 것이다.

아나운서의 경우 방송을 할 때 뉴스를 제외하고는 프롬프터로 대본을 올려 주지 않는다. 배우의 경우도 마찬가지이다. 어떻게 작가의 대본을 잘 외우느냐고 하는데 바로 머릿속 구조화 과정이 빠르게 진행되기 때문이다. 흐름을 이해하고 큰 그림을 그리고 각각의 방향과 위치를 입력하는 과정을 거쳐 정리하는 것이다. 이것이 가능하다면 토씨 하나 틀리지 않고 빠르게 대본을 암기할 수 있고, 의미 덩어리를 이해하고 외웠기에 어색하지 않게 말할 수 있다.

책에서 언급하거나 스피치 학원에서 강조하는 스피치 기법을 연습해도 말하는 것이 어렵다는 이들이 있다. 대화를 하다 보면 할 말은 머릿속에 맴도는데 막상 말로 표현이 안 된다는 것이다. 이런 경우 '그거'라고 말하거나 혹은 전혀 다른 부정확한 단어를 내뱉게 된다. 생각을 말로 바꾸는 데 실패한 것이다.

연상이란 하나의 개념이 다른 개념을 불러 오는 생각의 흐름이다. 그래서 연상력은 상황에 맞는 적절한 어휘와 이미지를 재치 있게 연결하는 능력을 말한다. 우리 두뇌의 신경 세포는 뉴런이 시냅스로 연결되어 네트워크를 이룬다. 기억과 새로운 기억으로 연상 작용이 치밀해진다. 나는 대화가 늘지 않는 경우에 더더욱 쓰기 연습을 통해 구조화를 훈련하라고 권한다. 우리가 대화를 하려고 말을 할 때는 아주 자유롭게 단어를 선택한다. 아주 짧은 시간 내에 떠오르는 단어와 단어를 조합하여 떠오르는 생각을 문장 형태로 만드는 것이다. 위의 쓰기 연습에서 주제어로 파생어를 만드는 과정을 축소하면 된다. 대화가 어려운 이들은 어떤 단어를 들었을 때 자신이 떠올릴 수 있는 기억과 관련된 단어가 나열되지 않기 때문이다. 게다가 나와 대화하는 상대는 서로 같은 단어로 이어지는 연상 과정이 판이하게 다르다. 그래서 갑자기 대화가 산으로 간다.

시쳇말로 "개떡같이 말해도 찰떡같이 알아듣는다."라고 표현되는 이들을 보면 상대의 단어 연상을 잘 유추해 내기 때문에 센스 있는 사람이다. 점괘를 보는 능력이라도 있어서 잘 유추하는 것이 아니라, 상대를 잘 파악하고 있기 때문이다. 빠른 두뇌 회전력을 가진 사람들이 말을 잘하는 이유는 이렇게 정리할 수 있다. '임기응변에 능하고 추리력이 좋기 때문'에 상대의 의도를 잘 파악한다.

종종 창의성이 뛰어난 사람들은 기존 지식을 새로운 각도에서 바라보고 생각하기 때문에 엉뚱한 말을 잘한다고 평가받기도 하는데, 이 역시도 연상 과정이 활발하기 때문이다. "니가 어제 클럽 간 얘기(IN-PUT) 해서 내가 생각난 건데."라며 갑자기 클럽에서 만나서 결혼한 초등학교 동창(OUT-PUT)이 최근에 오픈한 수제 버거 가게에 대한 이야기를 한다. 이런 현상을 심리학자 피스케와 테일러(Fiske & Taylor, 1991)는 최근에 빈번하게 활성화된 개념이 그렇지 않은 개념보다 머릿속에 쉽게 떠오른다고 해서 '프라이밍'이란 용어를 사용했다. 프라이밍 효과(priming effect)란 머릿속에 떠오른 특정 개념이 이어서 제시되는 자극물의 지각과 해석에 미치는 영향을 말한다.

자, 간단히 연상 과정을 보자.

'머리부터 발끝까지' 하면 어떤 것이 떠오르나요?

- 오오~ 머리부터 발끝까지 다 사랑스러워
  (김종국의 '사랑스러워')
- 머리부터 발끝까지 오로나민 C (오로나민 CM송)
- 머리부터 발끝까지 핫이슈 (포미닛의 '핫이슈')

'머리 어깨 무릎 발' 하면 어떤 것이 떠오르나요?

- 머리 어깨 무릎 발 무릎 발 (동요)
- 머리 어깨 무릎 발 swag swag (지드래곤의 '크레용')
- 머리 어깨 무릎 발 주책 주책 (싸이의 '아저씨')

요즘 인터넷에서 이런 노래 가사의 연상으로 연령대를 판가름하는 테스트가 한창 인기 있다. 바로 이것이 프라이밍 효과다. 내가 경험한 것으로 연관 지어 떠오르는 단어로 대답을 하고 말의 내용을 이어 간다. 그래서 의도하지 않은 오해가 생겨나고 소통의 장벽이 생기는 것이다. 나의 삶을 되돌아보면서 다양한 경험 속속들이 숨어있는 기억과 단어를 활용하는 연습을 하자. 주입식 교육에 길들여지고 연관 검색어에 익숙해진 우리는 나만의 단어 연상 연습을 해야 한다. 당신의 창의성을 기르는 방법으로 원초적인 대화 준비법을 익혀 보자. 뻔한 시각으로 바라보지 말고, 신선하고 뻔뻔하게 가치관을 파괴해 보자.

아리스토텔레스 연상법

- **반대 연상**   주어진 단어와 반대가 되는 경험이나 대상을 떠올리는 것 (불 – 물)

- **접근 연상**   주어진 단어와 관련 있는 과거의 경험이나 대상을 떠올리는 것 (경주 – 수학여행)

- **유사 연상**   주어진 단어와 유사한 과거의 경험이나 대상을 떠올리는 것 (오징어 – 낙지)

화이트 셔츠로 연상해 보자.

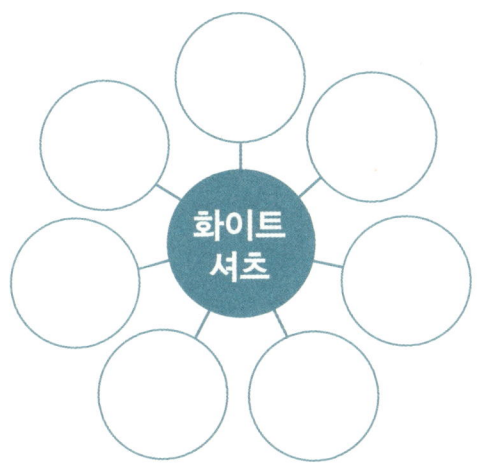

내가 연상한 것을 예로 들어본다.

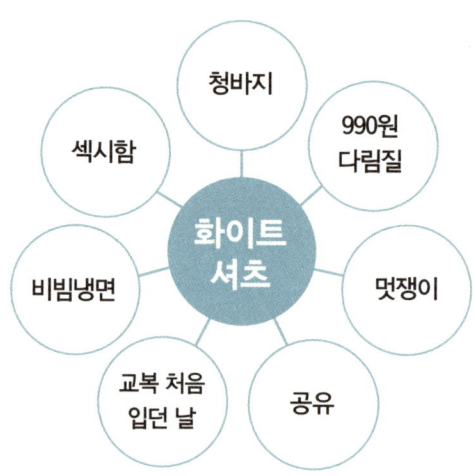

- 화이트 셔츠를 보니 청바지에 흰 셔츠를 걸쳐 입은 몸매 좋은 모델이 떠오른다.
- 일주일에 다섯 벌을 다려야 하는 남편의 드레스 셔츠를 한 장에 990원에 해결해 주는 세탁소의 편의성에 대한 생각.
- 멋쟁이들은 데일리 룩으로 최고의 아이템인 화이트 셔츠를 대여섯 벌은 갖고 있다는 스타일리스트의 칼럼이 떠오른다.
- TV 광고 속 화이트 셔츠를 입고 커피를 타 주는 공유의 목소리가 들리는 듯하다.

- 처음 교복을 입던 중학교 입학식 날, 흰 블라우스 깃에 꼿꼿하게 풀을 먹여 준 엄마가 생각났다.
- 머피의 법칙처럼 화이트 셔츠를 입은 날 꼭 비빔냉면을 먹고 빨간 양념이 튄 기억이 났다.
- 1999년도 오스카 시상식에 드레스 대신 헐렁한 화이트 셔츠를 입은 샤론 스톤의 섹시함이 떠오른다.

임기응변에 능한 사람은 이미 준비되어 있는 사람이다. 오랜 시간에 걸쳐 정보와 경험의 기억을 연결하는 연습과 훈련을 한 것이다. 남들이 그저 지나치는 것들을 다른 시각으로 바라보고 호기심을 갖고 또 다른 정보와 생각을 이어나가 보자. 스피치의 맛이 달라진다.

TIP. 긍정적인 시각을 가져라

옛날에 두 아들을 둔 할머니가 살았다. 어느 날 이웃이 할머니가 수심에 잠겨 있는 것을 보고 무슨 일인지 물었더니 할머니가 한숨을 쉬며 말했다.

"우산 장수인 큰아들과 짚신 장수인 작은아들이 있다오. 그런데 햇볕이 나는 날에는 큰아들이 장사가 안 되고, 비 오는 날에는 작은아들이 장사를 망치니 내가 하루라도 마음 편할 날이 있겠소? 그저 해가 떠도 걱정, 비가 와도 걱정뿐이라오."

그러자 이웃이 말했다.

"그런 걸 뭘 걱정하세요. 이제부터는 햇볕이 나면 짚신 파는 둘째 아드님 장사가 잘될 것을 기뻐하시고, 비가 오면 우산 파는 큰 아드님 장사가 잘될 것을 기뻐하세요."

듣고 보니 맞는 말이었다. 그날부터 할머니는 해가 떠도 즐겁고 비가 와도 즐겁게 생활할 수 있었다.

Lesson 5 |
세련된 어휘, 매력적인 스피치

1. "아까 마트 갔다가 주꾸미 세일하기에 싸게 샀어. 저녁 메뉴로 볶아먹자."

2. "오늘 저녁 메뉴는 '앗싸 주꾸미!' 입니다~ 마트 들어가자마자 '10분간만 주꾸미 반값 타임 세일입니다.' 하면서 방송이 나오기에 내가 바람처럼 달려가서 줄 서 있던 아줌마 등 뒤에 껌처럼 바짝 붙어 섰지. 어쩜 이렇게 통통하고 싱싱한 제철 주꾸미를 싸게 잘 샀나 몰라~"

(1)과 (2) 모두 저녁 메뉴로 주꾸미를 먹게 된다는 사실을 전하는 말이다. 둘 모두 같은 마트에서 할인해서 주꾸미를 구입했다고 이야기한다. 차이점은 무엇일까? (1)의 경우는 마트에서 주꾸미를 싸게 산 사실에 초점이 맞춰져 있고 (2)의 경우는 주꾸미를 산 과정을 설명하고, 싸게 사서 기분이 좋다는 감정의 표현을 더했다. 같은 상황을 이야기하는데 어떤 사람이 말하면 맛깔스럽고, 어떤 사람은 사실을 바탕으로 무미건조하게 말하고 있다. 스피치에서도 마찬가지다. 어떤 이가 말하면 눈에 선하게 보이듯이 재미있고, 어떤 이가 말하면 재미는커녕 무슨 말인지 귀에 잘 들어오지도 않는다. 이는 표현력의 차이에서 온다. '아' 다르고 '어' 다르다는 것을 충분히 알고 있을 것이다.

요즘 TV 프로그램을 보면 예전에 비해 무척이나 재미있다. 어디에서 오는 효과일까? 최고의 효과는 '자막'이다. 머릿속에 쏙쏙 들어오는 묘사와 입에 착착 붙는 표현들이 더해지기 때문이다. 당신은 보통 어떤 표현법을 쓰고 있나? 하루에 얼마나 다양한 단어를 사용하고 있는지 살펴보자. 요즘 사람들은 몇 가지 안 되는 단어를 쓰면서 살고 있다. 어휘력의 한계에 부딪혀있는 셈이다. 왜냐하면 많은 단어를 쓰지 않아도 되는 생활을 하고 있기 때문이다. SNS에 공감을 표할 때도 '좋아요'를 누르기만 하면 된다. 카카오톡 메시지는 각종 이모티콘으로 대신할 수 있다. 그래서 우리는 표현력을 기르는 연습도 해야 한다.

첫째, 묘사를 활용하자.

묘사 : 어떤 대상이나 사물, 현상 따위를 언어로 서술하거나
그림으로 그려서 표현함.

묘사는 말에 생동감을 불어넣는다. 즉 청자가 연상을 할 수 있게 해준다. 흑백이 아닌 선명한 색상을 칠해 보여주는 것이다. 생생한 표현을 위해 ~처럼, ~같은 단어를 사용해 직유법을 쓴다.
"나비처럼 날아 벌처럼 쏘다."
"태평양 같은 넓은 어깨"

"소나무처럼 든든한 버팀목이 되어 주는 남자 친구"
"대쪽 같은 선비"
간접적인 표현으로 은유를 사용할 수도 있다. 유사하면서도 이질적인 A와 B를 'A=B이다'라는 공식으로 연결하여 A에 새로운 속성을 불어넣는 방법이다.
"보스턴테리어는 사랑입니다."
"불금은 치맥"
우리가 당연한 듯 사용하는 비유들이 스피치의 생동감을 좌우한다. 보다 폭넓게 비유를 사용해 보자. 당신의 스피치의 맛이 달라진다.

둘째, 감정 표현을 하자.

여자들은 섬세한 묘사를 잘한다. '수다'라는 문화에 익숙하기 때문이다. 하지만 남자들은 표현이 투박하다. 『화성에서 온 남자 금성에서 온 여자』에서 존 그레이는 남자들의 경우 사실 전달을 위해 말을 하는 경우가 많고, 여자들의 경우 감정 표현을 위해 다양한 표현을 쓴다고 한다. 누구나 경험해 본 적 있을 것이다. (1)은 주꾸미를 산 남자에 가깝고 (2)는 주꾸미를 산 여자에 가깝다. 당연히 (2)의 말 뒤에는 "그래, 정말 잘 샀구나."라는 호응을 해주게 된다. 인간은 감정의 동물이기 때문에 희로애락을 표현하면 상대적으로 공감을 얻기 쉽다.

셋째, 의성어, 의태어, 의인화를 활용하자.

보통 요리 프로그램은 TV에서 요리하는 과정을 보여 주면서 설명한다. 그런데 요리 연구가 빅마마 이혜정씨는 라디오 프로그램에서도 요리를 알려 준다. 그녀만의 특별한 화법이기에 가능하다. 눈에 보이듯이 설명하는 화법이다.

"바다 내음 가득한 매생이를 굴과 함께 튀겨 볼 텐데요. 일단 매생이에 밀가루를 묻혀서 바락바락 주물러 주세요. 그리고 체에 밭쳐 뜨거운 물로 목욕시켜 주세요. 굴은 튀길 때 물이 나오면서 기름이 퐁퐁 튀어 오르니까 밀가루 묻히고~~ 얼마나 맛있게요? 한입 베어 물면, 매생이가 푸딩처럼 보들보들하고 뒤이어 굴이 입속 한가득 바다를 선사해요."

어떠한가? 읽고만 있어도 요리하는 모양새가 눈에 보인다. 심지어 입안에 맛이 느껴지는 것 같다. 이러한 표현은 하루아침에 따라 한다고 되지 않는다. 표현법은 쓰지 않으면 퇴화한다. 무사의 칼처럼 매일 갈고 닦아 써야 술술 나온다. 생생한 표현을 위해 가장 좋은 것은 의성어나 의태어를 사용하는 것이다. 단어 자체에 생명을 부여해서 스피치의 힘을 기를 수 있다.

"새벽에 어디서 윙~윙~ 거리는 소리가 귓가에 맴돌더라고. 냉장고 모터 소리 같기도 하고, 모기가 있을 철도 아닌데 뭐지 하고 깨면서부터 괜히 여기 저기 가려워서 벅벅 긁었다니까."

"사용하신 휴지는 휴지통에 버려 주세요. 변기가 소화 불량으로 배가 아프대요."

넷째, 대구법을 사용해 보자.

대구법은 광고 카피나 시, 노래 가사에서 많이 볼 수 있다.

"인생은 짧고, 예술은 길다."

"10년을 생각하면 기술이지만, 100년을 생각하면 철학입니다."

다섯째, 질문하기를 사용해 보자.

질문을 활용하면 효과적이다. 꼭 대답을 듣기 위해서라기보다는 "그렇지 않습니까?", "어때?", "먹어 본 적 있죠?" 이런 식의 질문을 활용해서 청자와 대화를 이어 가고 있음을 다시 인식시켜주고 하고 있는 말을 강조할 수 있다.

여섯째, IF 화법을 사용해 보자.

가정법을 사용해서 말을 하는 것도 쉽지만 효과가 좋은 방법이다. 내가 주장하는 바를 쉽게 공감하게 만든다. 또한 청자와 대화에 깊이와 밀도를 더할 수도 있다.

"만약 내일 지진이 난다면 어떻게 하시겠습니까?"

"갑자기 로또에 당첨된다면 저축할 거야?"

"교통사고가 났을 때 보험이 없다면 어떨까요?"

일곱째, 존칭어를 활용해 보자.

최고의 호텔로 손꼽히는 S호텔 직원들을 대상으로 불만 고객 응대 스피치 교육을 한 적이 있다. 그야말로 최고의 서비스로 무장한 이들이었지만 불필요한 극존칭의 사용이 문제점으로 지적됐다. CS 교육에서 친절과 배려의 덕목을 강조하다 보니 몸에 밴 성향이 단어 선정과 말 표현에서도 묻어 나오는데 이것이 지나친 경우다.

-세부 사용 내역서 나오셨습니다.
→세부 사용 내역서 나왔습니다.
-그날은 토요일이시니까 주말 요금이 별도 책정되어 있으십니다.
→그날은 토요일이니까 주말 요금이 별도 책정되어 있습니다.
-1234 차량 출차되셨습니다.
→1234 차량 출차됐습니다.
-얼리지 않은 냉장 삼겹살로 요리되셨습니다.
→얼리지 않은 냉장 삼겹살로 요리했습니다.

존칭어의 사용은 청자나 말에서 지칭하는 대상에게 존경을 표하는 방식이다. 그러나 잘못된 존칭어를 사용할 경우 불편하게 느껴진다. 사소한 표현 방식만 바로잡아도 세련된 스피치를 만들 수 있다.

가. 주체 높임 : 주어, 목적어, 동사의 격을 모두 적절히 맞춰야 함.
  - 할아버지께서는 오늘 저녁밥을 늦게 잡수셨다(드셨다). (X)
  - 할아버지는 오늘 저녁 진지를 늦게 잡수셨다(드셨다). (X)
  - 할아버지께서는 오늘 저녁 진지를 늦게 먹으셨다(먹었다). (X)
  - 할아버지께서는 오늘 저녁 진지를 늦게 잡수셨다(드셨다). (O)

나. 객체만 높임 : 목적어, 동사, 부사구의 격을 모두 적절히 맞춰야 함.
  - 내가 할아버지께 밥을 드리셨다. (X)
  목적어 객체 낮춤, 동사 주체(자기) 높임 오류
  - 내가 할아버지께 진지를 드리셨다. (X)
  동사 주체(자기) 높임 오류
  - 내가 할아버지께 진지를 주었다. (X)
  동사 객체 낮춤 오류
  - 내가 할아버지께 진지를 주셨다. (X)
  동사 객체 낮춤, 주체(자기) 높임 오류
  - 내가 할아버지에게 진지를 드렸다. (X)
  부사구 객체 낮춤 오류
  - 내가 할아버지에게 밥을 드렸다. (X)
  부사구 객체 낮춤, 목적어 객체 낮춤 오류

-내가 할아버지께 진지를 드렸다. (△)

　-제가 할아버지께 진지를 드렸다. (O)

　주체 겸양(낮춤), 객체 모두 높임

다. 주, 객체 동시 높임 : 주어, 동사, 목적어, 부사구의 격을 모두 적절히 맞추어야 함.

　-아버지께서 할머니께 밥을 드리셨다. (X)

　목적어 : 객체 낮춤

　-아버지께서 할머니께 진지를 주었다. (X)

　동사 : 주체 낮춤, 객체 낮춤

　-아버지가 할머니께 진지를 드렸다. (X)

　주어 : 주체 낮춤, 동사 : 주체 낮춤

　-아버지가 할머니께 진지를 드리셨다. (X)

　주어 : 주체 낮춤

　-아버지께서 할머니께 진지를 주셨다. (X)

　동사 : 객체 낮춤

　-아버지께서 할머니에게 진지를 드리셨다. (X)

　부사구 : 객체 낮춤

　-아버지께서 할머니께 진지를 드리셨다. (O)

여덟째, 긍정 표현을 사용하자.

모든 상황과 감정, 분위기를 부정 표현으로 말하는 사람들이 있다. 그들의 성향을 보면 대부분 포기도 빠르고 매사가 부정적이고 비관적이다. 앞서 마인드 컨트롤에서도 긍정적인 주문을 외우면 긍정적인 결과를 얻을 수 있다고 했다. 내가 부정적인 생각으로 말을 한다면 그 느낌이 나의 말을 통해 청자에게 그대로 전달된다. 의류 매장에서 옷을 산다고 가정해 보자. "마음에 안 드세요?"라고 하면 50% 정도 살까 하는 생각이 들었다가도 다시 고민을 하면서 내려놓게 된다. "정말 잘 어울리시네요. 고객님은 피부 톤이 하얘서 밝은 옷을 입으니 더 화사해 보여요."라는 말을 들었다면 고객의 입장에서 정말 거울에 내 얼굴이 밝아 보이는 것 같고 사야겠단 마음도 먹게 된다.

말의 힘이란 이렇다. 긍정적인 화법으로 말을 하는 사람과 대화를 하다 보면 함께 기분이 좋아지고, 만족스러워진다. 그래서 사람들은 우울하다가도 밝게 웃는 사람을 보면 그 느낌이 전염되어 순간적으로 힘을 얻는다. 종종 TV에서 정치인이나 공직자의 청문회가 있을 때 이런 표현을 듣는다. "그런 경향이 없지 않아 있습니다만." 도대체 무슨 말인가. 그런 경향이 있다? 결국 그랬다는 말이다. 하지만 무언가 불안해서 안전장치로 여지를 만들어 두고 싶을 때 쓰는 표현이다. 부정적인 표현이기 때문에 안전장치는커녕 오해를 만들게 된다. "김 대리, 자료 정리 좀 도와주면 안 돼?" 보통은 상대를 배려하는 차원에서 "안 돼?"라고 묻는다. "김 대리 자료 정리 좀 도와주면 좋겠는데."라는 표현으로 바꾸면 어떨까. 이왕이면 긍정의 표현으로 명확하게 말하자. "물이 반이나 있네.", "물이 반밖에 없네."와 같은 표현법도 습관이다. 긍정적인 측면으로 바라보고 행동하자. 나의 긍정적인 에너지가 말로 표현된다.

아홉째, 쉽게 말하자.

좋은 스피치를 위해서는 효과적인 단어를 택하는 것이 중요하다. 그런데 가끔 구어체가 아닌 문어체로 말하는 사람들이 있다. 글을 읽는 것과 말을 듣는 것은 전혀 다르다. 글은 이해가 안 되면 다시 읽어 볼 수 있지만, 말은 알아듣기 어렵고 이해가 안 가는 부분이 생기면 다시 돌려 들을 수 없다. 그래서 너무 긴 문장으로 말하거나 어려운 단어를 쓰지 말아야 한다. 한 문장의 글로 쓸 때보다 짧게 표현해야 귀에 잘 들어온다. 그리고 흔히 쓰이는 단어를 선택하는 편이 좋다. 특히나 대중스피치에서는 더더욱 그러하다. 추상적인 표현이나 함축적 의미보다는 실질적으로 쓰이는 표현을 사용하는 것이 좋다. 괜히 불필요한 미사여구를 덧붙여 멋진 표현을 쓰려다 보면 핵심 메시지조차 놓치게 된다. 쉽고 구체적이고 명확한 단어를 사용하는 습관으로 생각을 확실하게 전달하자.

열째, 사례를 들어서 말해 보자.

대화나 대중스피치에서 사례를 들어 설명하는 것은 매우 설득력을 갖는다. 특히나 짧은 스피치에서 사례는 나의 의견을 뒷받침하기에 매우 좋다. 또한 주의를 환기시키는 데에도 효과적이다. 하지만 고리타분한 옛이야기나 나에게만 해당하는 지극히 주관적인 견해를 사례로 드는 것은 적절하지 않다. 시의성(그 당시의 사정에 알맞음) 있는 사례를 드는 것이 가장 좋다. 〈부산행〉, 〈터널〉, 〈밀정〉 같은 영화들이 흥행한 것도 한국 사회 문제의 시의성을 담아 다수의 공감을 얻었기 때문이다. 종종 분위기 전환을 위해 유머를 스피치에 활용하기도 하는데, 여기서도 주의할 점이 바로 시의성이다. 또한 상황에 맞춰 활용해야 한다. 자칫 잘못 사용하면 당신의 스피치가 한순간에 격이 떨어지는 스피치로 둔갑할 수 있다. 갑자기 버려진 유행어를 꺼내서 사용할 때의 분위기는 아무도 책임질 수 없다. 그야말로 아니한 만 못한 것이다. 세대 차도 분명히 고려해서 청자의 기준에 맞는 유머를 사용해야 한다.

열한째, 고사성어, 속담, 명언을 활용하자.

고사성어란 옛날의 역사적인 일에서 유래된 한자 관용어를 말한다. 흔히 사자성어라고 부르는 한자 성어는 네 글자로 이루어진 것으로 우화 등의 비유나 교육, 고전 문헌에서 유래한 내용을 담고 있는 말이다. 이와 같은 표현을 적절하게 선택하여 스피치에 활용한다면 세련된 스피치를 할 수 있다. 고사성어나 속담, 명언을 활용하며, 자연스레 사례를 들어 말할 수 있다. 하지만 정확한 뜻을 이해하고 활용하는 것이 중요하다.

열두째, 유머를 활용하자.

유머는 화제 전환에 실용적이다. 또 팽팽한 긴장을 완화시키고 어색함을 무마해 분위기를 부드럽게 만드는 효과가 있다. 하지만 장소와 시기에 맞지 않게 유머를 써서는 안 된다. 자리에 어울리지 않고 식상하거나 한참 지난 유머는 오히려 분위기를 가라앉힌다. '아재 개그' 분위기를 떠올리면 감이 올 것이다. 유머야말로 한방이다. 1절, 2절 길게 해서는 안 된다. 과유불급! 적당히 예상치 못한 타이밍에 유머를 활용하는 것이 좋다. 그렇기 때문에 유머를 스피치에 활용할 때는 유머의 의미를 정확히 알고 청자의 입장까지 고려해서 써야 한다. 간혹 자극적인 유머로 상대의 기분이 언짢아질 수도 있음을 명심해야 한다.

자주 틀리는 표준어 사례

나는 항상 4색 볼펜을 들고 다니기에 음식점이나 술집 메뉴판에 맞춤법이 잘못된 것을 고쳐 쓰고 싶은 마음이 불끈불끈 솟아오른다. 노이로제 수준이다. 그럼에도 불구하고 종종 맞춤법을 틀리기도 한다. 아마도 틀린 맞춤법을 보고도 모르고 넘어가는 경우가 대부분일 것이다. 왜냐하면 우리는 자연스레 잘못된 맞춤법에 노출된 채로 살고 있기 때문이다.

아나운서에게 표준어란 무엇보다 중요하다. 맞춤법이라고 하는 편이 낫겠다. 맞춤법을 정확히 알아야 표준어를 구사할 수 있다. 진행자의 자질에서 빼놓을 수 없는 부분이다. 방송언어 심의규정에 따라 방송인은 모두 표준어를 구사하는 데 힘쓰고 있다. 방송은 현대인의 생활과 밀접한 관계가 있다. 우리말과 글에 미치는 영향 또한 대단하다. 이러한 미디어 매체의 영향력이란 어마어마하다. 예능 프로에서 한 번 쓰인 말이 다음 날 검색어 순위 상단을 오르락내리락하며 신조어로 자리 잡는 세상이다. 우스갯소리로 지인들과 예능 프로 안 보면 대화를 할 수 없다고도 한다. 방송에서 그 막대한 영향력을 깨닫고 바른 말을 사용해야 할 텐데 최근엔 아쉬운 점이 많다. 프로그램의 재미를 위해 사용하는 틀을 깨는 준말이라든지 우리말과 외래어의 합성어 수준의 신조어가 때로는 우리말의 바른 사용을 저해한다. 말에 관심이 많은 나조차 10대들의 준말은 도저히 알 수가 없다.

우리말이 빠르게 변해 가고 있다. 폐기되는 단어도 빠르게 늘고, 새로운 단어도 쏟아진다. 그래서 세대 간에도 말이 안 통하는 경우가 늘고, 직업군에 따라 일상어가 판이하게 다른 경우도 많다. 2016년 10월 5일 국립국어원은 하루가 다르게 변해 가는 세상에 발맞춰 함께 만들고 모두 누리는 '우리말 샘'이라는 개방형 웹 국어사전을 개통했다. 신조어라면 그 뜻을 명확히 하여 소통하자는 뜻이다. 물론 모든 단어를 수용하지는 않는다. 타당성을 검토하여 게시하지만, 현대인의 실생활에서 쓰이는 생생한 한국어의 모습을 담아낸다.

흙수저, 헬조선, 아재개그, 꿀피부, 그루밍족, 츤데레, 삼포세대, 케미, 훈남, 꽃중년, 꽃청춘, 재능나눔, 헬리콥터족, 썸타다, 극혐. 이 단어들의 뜻을 얼마나 정확히 알고 있나? 이러한 단어들은 사용하는 이가 직접 어휘의 뜻을 정의하는 것이다. 신조어의 뜻을 알고 쓰는 것만이 아니라 표준어를 익히는 것이 사실 시급하다. 한 구직 사이트에서는 이성이 맞춤법을 틀리면 호감도가 떨어진다는 조사 결과를 발표했다. 실제로 얼마 전 모 예능 프로그램에서 아름다움으로 무장한 여배우가 맞춤법에 맞지 않게 단어를 적는 것을 보고 많은 이들이 비난하고 눈살을 찌푸렸다. 당신은 맞춤법을 얼마나 알고 있나?

1. 통째로 ☑ 통채로 ☐
2. 요컨데 ☐ 요컨대 ☑
3. 곰곰히 ☐ 곰곰이 ☑
4. 며칠 ☑ 몇일 ☐
5. 가벼이 ☑ 가벼히 ☐
6. 깨끗이 ☑ 깨끗히 ☐
7. 일찍이 ☑ 일찌기 ☐
8. 하마트면 ☐ 하마터면 ☑
9. 간질히다 ☐ 간질이다 ☑
10. 낭떠러지 ☑ 낭떨어지 ☐
11. 구렛나루 ☐ 구레나룻 ☑
12. 눈살 ☑ 눈쌀 ☐
13. 발자욱 ☐ 발자국 ☑
14. 서슴지 ☑ 서슴치 ☐
15. 줏어 ☐ 주워 ☑

16. 미쳐 ☐ 미처 ☑
17. 개구장이 ☐ 개구쟁이 ☑
18. 설겆이 ☐ 설거지 ☑
19. 납작하다 ☑ 납짝하다 ☐
20. 닦달하다 ☑ 닥달하다 ☐
21. 대가 ☑ 댓가 ☐
22. 홧병 ☐ 화병 ☑
23. 넓직한 ☐ 널찍한 ☑
24. 안성맞춤 ☑ 안성마춤 ☐
25. 귀뜸 ☐ 귀띔 ☑
26. 핼쑥하다 ☑ 핼쓱하다 ☐
27. 느지막하다 ☑ 느즈막하다 ☐
28. 구시렁거리다 ☑ 궁시렁거리다 ☐
29. 웅큼 ☐ 움큼 ☑
30. 널브러지다 ☑ 널부러지다 ☐
31. 설렘 ☑ 설레임 ☐
32. 되물림 ☐ 대물림 ☑
33. 문안하다 ☐ 무난하다 ☑
34. 오랫만이다 ☐ 오랜만이다 ☑

35. 어이없다 ✓ 어의없다 □
36. 요새 ✓ 요세 □
37. 정답을 맞추다 □ 정답을 맞히다 ✓
38. 금새 □ 금세 ✓
39. 제작년 □ 재작년 ✓
40. 도대체 ✓ 도대채 □
41. 뒤치닥거리 □ 뒤치다꺼리 ✓
42. 움츠르다 □ 움츠리다 ✓
43. 앳되다 ✓ 앳띠다 □
44. 역활 □ 역할 ✓
45. 횡경막 □ 횡격막 ✓
46. 뇌졸중 ✓ 뇌졸증 □
47. 건드리다 ✓ 건들이다 □
48. 단언컨대 ✓ 단연컨데 □
49. 빈털터리 ✓ 빈털털이 □
50. 희안하다 □ 희한하다 ✓
51. 할게요 ✓ 할께요 □
52. 일일이 ✓ 일일히 □
53. 않되나요 □ 안 되나요 ✓

54. 안 돼 ☑ 안 되 ☐

55. 얘기 ☑ 예기 ☐

56. 어따대고 ☐ 얻다 대고 ☑

57. 굳이 ☑ 구지 ☐

58. 데우다 ☑ 뎁피다 ☐

59. 뵈요 ☐ 봬요 ☑

60. 삼가하다 ☐ 삼가다 ☑

61. 배낭을 매다 ☐ 배낭을 메다 ☑

62. 신발 끈을 매다 ☑ 신발 끈을 메다 ☐

63. 목이 매다 ☐ 목이 메다 ☑

64. 밭을 매다 ☑ 밭을 메다 ☐

65. 영지버섯을 넣어 졸이다 ☐ 영지버섯을 넣어 조리다 ☑

66. 장조림을 졸이다 ☐ 장조림을 조리다 ☑

67. 굽신거리다 ☐ 굽실거리다 ☑

68. 사족을 못 쓰다 ☑ 사죽을 못 쓰다 ☐

69. 날개 돋힌 듯 ☐ 날개 돋친 듯 ☑

70. 자주 삐진다 ☐ 자주 삐친다 ☑

ONE POINT LESSON 자기소개

자기소개서 쓰기가 아니다. 자기 자신을 말로 소개하기다. 자기소개처럼 어려운 일이 또 있을까? 이제부터 자기소개만큼 쉬운 일은 없을 것이다. 이것만 기억해 보자.

1. 내가 작성한 자기소개서와 똑같이 자기소개를 말하지 않는다.

2. 그렇다고 자기소개서와 전혀 다른 면모와 상반되는 성향을 말하지 않는다.

3. 본인을 소개할 땐 이름 앞에 직함과 직위를 붙인다.
   EX) 저는 아나운서 정효진입니다. (O)
   　　 저는 정효진 아나운서입니다. (X)

4. 광고 카피처럼 나의 성향을 드러내는 한 문장을 만들어 보자. 추상적이고 감상적인 어휘를 선택하는 것이 아니라 성격을 드러낼 수 있도록 만들어 보자. 속담, 고사성어, 명언, 드라마나 영화 속 명대사를 충분히 활용하자.
   EX) 적토마 이병규, 침묵의 암살자 박인비

5. 어필하고 싶은 부분을 먼저 말하자. 나에게 집중시켜야 한다.

6. 길게 말할 필요는 없다. 짧다고 준비되지 않은 것이 아니다. 하지만 확실하게 나를 각인시키고 마지막 문장까지 제대로 준비하자.

7. 자신감 넘치는 모습은 좋지만 듣는 이를 가르치는 듯한 어미 사용은 지양한다.

8. 철저히 준비한 티를 내지 말자. 외운 티를 내지 말라는 말이다. 내용의 흐름을 충분히 짚어 내며 말하자.

9. 다음 장에서 체크해 볼 '보여주기'를 충분히 활용하자.

10. 나에 대해 궁금하게 만들자. 듣는 이로 하여금 호기심을 자극하는 자기소개는 면접에서도, 이성을 만나는 자리에서도, 모임 자리에서도 나를 돋보이게 만든다. 스토리텔링을 잘 활용하면 듣는 이의 질문까지 유도할 수 있을 것이다.

TIP. 자주 틀리는 높임말

사장이 당신에게 "김부장 좀 오라고 해."라고 말을 했다면 당신은 어떻게 가서 이야기해야 맞는 것일까?

사장님께서 오랍니다. (사장님께서 오라고 합니다.)
- 사장과 부장 모두를 낮춘 말이므로 맞지 않다.

사장님께서 오시랍니다. (사장님께서 오시라고 합니다.)
- 사장보다 부장을 높였으므로 맞지 않다.

사장님께서 오시라십니다. (사장님께서 오시라고 하십니다.)
- 사장과 부장 모두를 높인 말로 사장보다 아랫사람인 부장을 함께 높이면 결국 상대적으로 사장을 낮추는 결과가 되므로 이 역시 맞지 않다.

사장님께서 오라십니다. (사장님께서 오라고 하십니다.)
- 사장은 부장보다 윗사람이므로 높이고, 부장은 사장보다 낮췄으므로 올바른 표현이다.

Part 3.

스피치로 보여 주자

와인 동호회 정기 모임에 나갔다. 언제 어느 모임이나 처음 나간 자리에서는 자신을 소개하고 다른 사람들을 소개받는다. 치즈사랑님, 자나깨나레드와인님, 1일1바틀님, 동틀때까지마셔님, 마리아쥬짱님 등의 닉네임으로 소개받지만 집에 오면 그들이 각자 어떤 얘길 했는지 기억이 안 난다. 하지만 그들의 외형과 행동이 떠오른다. 그래서 친구가 동호회에 괜찮은 사람이 없었냐고 물어봤을 때 이렇게 답을 했다. "치즈사랑님은 어금니까지 보이며 환히 웃어서 굉장히 선해 보였어. 1일1바틀님은 말할 때마다 제스처가 커서 교포일지도 모른다고 생각했어. 동틀때까지마셔님은 눈을 마주치면 피하시고 계속 아래만 내려다보고 계셔서 수줍음이 많고 소심한 성격이라고 예상했지. 마리아쥬짱님은 음식이 나올 때마다 눈을 보면서 설명을 해줬는데, 굉장히 자상하고 상냥한 것 같더라." 내가 처음 만난 사람들에게 들었던 말보다 그들이 말을 하며 보여 준 행동으로 기억하고 판단한 것이다. 그야말로 '본 것'이 지배적이라는 말이다.

우리가 해외여행을 가서 주로 사용하는 것이 바로 이번에 살펴볼 비언어적 요소이다. 한참을 머리를 짜내어 단어를 검색하고 문법에 맞는 어순으로 말을 해 보지만 소통이 안 되면 어떻게? 손짓, 발짓, 몸짓, 표정을 자연스럽게 연출하지 않나. 단박에 서로 알아듣고, 소통의 갈증을 해소한 경험이 있을 것이다. 이처럼 힘들게 짜낸 회화 문장보다 우리의 보디랭귀지가 명쾌하다.

앞으로는 말하면서 '보여 줄 것'에 대해 살펴보려 한다. UCLA 심리학과 알버트 메라비안 교수는 상대방의 호감을 결정짓는 요소를 살펴봤다. 그 결과 목소리 38%, 보디랭귀지 55%, 말하는 내용이 7%에 해당한다고 했다. 결국 의사소통에 있어서 비언어적 요소가 차지하는 비율은 93%나 된다는 것이다. 이것을 '메라비안의 법칙'이라고 부른다. 이렇듯 말의 내용이 어떤 몸짓과 표정으로, 어떠한 목소리를 타고 전해지는지에 따라 전달력의 정도가 달라진다.

사람의 성격에 따라 비언어적인 요소가 월등히 뛰어난 사람들이 있다. 조금은 과장된 몸짓으로 어떤 이야기든 자신의 이야기로 녹여

내서 재미있게 말하는 이들이다. 그들을 가만히 보면 발성도 좋고, 빠르게 속삭이듯이 말하다가도 천천히 연기하듯 외치기도 한다. 대부분 대인 관계가 좋다. 재미있는 사람들은 어느 곳에서나 주목을 받는다. 긍정적이기 때문에 주변인들에게 동기부여가 된다. 이미 우리는 비언어적 요소를 활용하고 살아간다. 하지만 적절한 활용법과 의미를 익힌다면 스피치의 경쟁력을 더욱더 높일 수 있다.

Lesson 1
표정으로 말하기

웃는 얼굴에 침 뱉지 못한다. 누구나 다 아는 진정한 명언이다. 하지만 이를 실천하기란 왜 그리 어려운지. 길 가는 사람들의 표정을 보면 웃는 표정을 지은 사람을 찾아보기가 힘들다. 그만큼 삶이 빡빡하다는 얘기일 테다. 이처럼 우리의 감정과 생각은 말하지 않아도 드러난다. 표정이란 개인의 인생과 내면을 얼굴에 드러내는 이력서이다. 이력서는 다듬고 관리하지만 표정 관리를 하는 사람은 드물다. 십여 년 동안 행사장에 가서 각계각층의 내외빈을 모시고 기념사진 촬영을 할 때 꼭 하는 말이 있다. "이렇게 뜻깊은 날 미소 좀 지어 주시면 어떨까요?" 시상식의 경우 수상자도 무표정, 시상자도 무표정, 축사하러 오신 분도 표정이 없다. 경건함마저 물씬 풍긴다. 오죽하면 포토그래퍼가 "김치 할까요? 치즈 할까요? 파이팅 외쳐 주세요!"를 무한 반복한다.

우리나라 사람들은 감정 표현에 참 박하다. 십 년이 지나도 변함이 없다. 요즘 아이들은 더한다. 무슨 생각을 하는지 알 수 없다. 요즘 애들 말로 시크하다 못해 무서운 표정을 짓고 다닌다. 사람은 누구나 그 사람만이 풍기는 인상이 있다. 배우들이 비슷한 배역에 캐스팅 되는 것만 봐도 억지로 인상을 바꾸기가 쉽지 않다는 것을 알 수 있다. 인상을 결정짓는 큰 부분이 바로 얼굴 표정이다. 얼굴 표정은 얼굴 근육의 수축으로 만들어진다. 몸의 근육도 주로 쓰는 부위가 발달하는 것처럼 얼굴도 내가 주로 쓰는 부위가 발달한다. 그래서 무의식적으로 평상시 짓고 있는 표정이 그 사람의 얼굴이라고 할 수 있다.

얼굴의 우리말 어원을 보면 '얼'은 영혼이며 '굴'은 통로이다. 그래서 '얼빠지다'라는 표현은 정신이 없이 멍한 상태를 칭한다. 이렇게 나의 표정을 만드는 표정 근육은 의식적일 수도 있고 무의식적일 수도 있다. 자연스럽게 나오기도 하지만 내가 의도적으로 만들기를 연습하면 표정 근육을 발달시킬 수 있다는 얘기다. 나의 감정 상태는 표정으로 드러난다. 그래서 각양각색의 표정이 존재한다. 얼굴을 보고도 눈빛만 보고도 그 사람의 마음을 읽을 수 있다. 그래서 우리는 문자 메시지를 보낼 때 다양한 표정으로 이루어진 이모티콘으로 하고 싶은 말을 대신 전하기도 한다.

『삼국지』에서는 인물들의 외형 묘사가 아주 세세하게 그려진다. "제갈량은 유비의 관상을 보고 그가 지도자라는 것을 알았다. 게다가 제갈량이 보니 유비는 영웅의 뜻과 기개와 혼까지 지니고 있었다." 많은 영화와 소설에서 얼굴의 모양새를 설명하면서 각각의 인물 성격을 나열하는 것을 볼 수 있다. 이렇게 아주 오래전부터 관상으로 사람됨을 평가해 온 우리는 어떤 얼굴을 갖고 있나?

슬프고 기쁘고 노여운 감정 등을 표현하는 표정만으로 성격을 단정 짓기는 어렵지만, 오랜 시간에 걸쳐 내가 만든 표정으로 나의 얼굴이 만들어진다. 그래서 링컨은 "40대가 되면 자기 얼굴에 책임을 져야 한다."라고 했다. 우리는 종종 "안 그렇게 생겨서 어떻게 그런 짓을 했는지 몰라."라는 말을 한다. 이 역시도 얼굴에서 느낀 기대감에 대한 실망을 담고 있다. 우리는 어떤 근거인지는 몰라도 얼굴을 보고 대충 그 사람의 됨됨이를 평가하는 경향이 있다. 그래서 취업 준비생들이 성형외과를 찾게 되는지도 모른다. 단지 외모 지상주의라고 치부할 수만은 없다. 좋은 인상을 위해 선한 눈매, 매부리코, 귓불 늘리기, 입꼬리 올리기 등의 성형 수술 항목들이 있다는 기사를 보았다. 실제로 모 대기업에서 기업 총수가 면접장에 관상가를 옆에 두고 그의 견해를 참고해 신입 사원을 채용했다는 이야기는 지금도 전설처럼 전해진다.

얼굴로 그 사람을 평가한다는 것은 무리가 있지만 우리는 첫인상으로 얼굴을 기억하고, 미묘한 표정 변화를 보면서 마음 상태를 짐작해 대화한다. 살아가면서 이왕이면 만나는 사람들에게 좋은 표정을 지어주면 나도 상대도 기분이 좋을 것이다. 미소는 내 편이 필요할 때도, 내가 거절할 때도, 부탁을 할 때도 유용하다. 그렇다고 내가 전하는 메시지와 관계없이 웃으라는 말은 아니다. 메시지를 담는 언어와 비언어적 표현은 일치해야 그 힘을 발휘한다. 일례로 모

방송사의 세월호 현장 중계에서 웃고 있는 기자의 모습이 송출되어 비난을 산 일이 있다.

그런데 주의할 것은 흔히 말하는 '썩소'다. 보통 억지로 연출한 미소를 지칭한다. 아니함만 못하다는 말이다. 눈썹, 관자놀이, 눈동자, 광대를 비롯한 안면부 모든 근육을 이용해서 입 꼬리를 끌어 올려 짓는 미소가 진짜 미소이다. 가끔 서비스 직종에 근무하는 분들의 미소에 기분이 언짢아지는 경우도 있다. 마지못해 연출한 미소는 이렇게 역효과를 내기도 한다. 입만 웃고 있을 뿐 그들의 눈빛은 나에게 다른 감정 신호를 보내고 있기 때문이다.

내가 아나운서 시험을 보면서 겪은 일이다. 정말 열심히 준비한 모 방송사 최종 면접을 앞두고 있었다. 마지막 관문만 통과하면 모든 게 끝날 거란 생각에 더 이를 악물고 철저히 준비했다. 하지만 면접 중 주어진 진행 멘트가 아니라 내 표정에 대해 지적을 받았다. "멘트는 즐겁고 목소리도 흥겹게 음악을 소개하면서 눈은 울고 있네요. 슬픈 눈으로 뉴스를 진행할 수 있을까요?" 그 순간 나는 눈물이 펑펑 쏟아졌고, 최종 면접에서 낙방하고 말았다. 사실 나는 눈물을 꾹 참고 시험을 보러 갔다. 당시 어머니가 갑작스런 병환으로 중환자실에 입원 중이었다. 내가 억지로 웃으려 노력했지만, 눈동자가 내 감정을 다 드러내 버리고 말았던 것이다. 그 후 몇 년 동안 내 눈을 비롯해 온 얼굴이 힘을 합쳐 웃는 미소를 셀 수 없이 많이 연습했다. 내 눈이 말하는 슬픔을 몰아내기 위해 행복했던 순간을 떠올리고, 나는 행복한 사람이라는 감정을 갖기 위해 노력했다. 고된 훈련이었지만 결과는 만족스러웠다. 내 미소에 화답하듯 좋은 일들이 생겨나기 시작했고, 웃는 나의 표정은 자연스러워졌다.

사람들은 평소에 자신이 얼마나 무표정하게 있는지 잘 모른다. 가끔 뭔가에 집중하고 생각에 빠져 있을 때 누군가로부터 "왜 그렇게 뚱~하게 있냐?"라는 말을 들어 보았을 것이다. 이런 경우 의식적으로 미소를 지으려고 하면 썩소가 연출되고, 심지어 안면에 경련이 일어나기도 한다. 방송인들의 경우 카메라 마사지를 받아서 그런지 점점 미모가 살아난다는 얘기를 많이 한다. 카메라를 보고 자연스럽게 미소 짓는 훈련이 되었다는 뜻이다. 이렇듯 훈련을 통해 프로처럼 나의 감정과 별개로 표정을 완벽히 연출하는 일도 가능하다. 다만 뉴스 앵커의 경우 객관적인 사실 전달을 위해 데스크에서 거의 무표정을 유지하고 뉴스를 전한다. 다양한 표정은 앵커의 주관을 드러낼 수 있기 때문이다.

일단 미소를 지어 보자. 이왕이면 사진 찍을 때 짓는 가짜 미소보다 진짜 미소를 연습해 보자. 남이 찍어 주는 것보다 셀프 샷이 더 예쁘게 나오는 이유는 내가 카메라를 들고 있어 쑥스럽지 않게 카메라를 바라볼 수 있기 때문이다. 그렇게 연습하면 눈도 함께 웃는 진짜 미소에 가까운 표정을 지을 수 있다.

무표정하게 "안녕하세요."
- 의도하지 않더라도 목소리 톤까지 절로 차분하게 가라앉는다.

웃는 입 모양으로 "안녕하세요."
- 목소리가 한 톤 올라가고 부드러워진다.

눈도 함께 웃는 미소를 지으며 "안녕하세요."
- 목소리에 생기가 더해지고 억양이 생긴다.

진짜 미소로 말하는 것이 그냥 말하는 것과 얼마나 차이가 있는지 단번에 알게 될 것이다. 눈이 웃는 진짜 미소를 지어 보자. 진짜 미소는 당신의 자신감, 배려심, 신뢰감을 보여줄 수 있다. 그리고 상대는 다시 미소와 긍정적인 화답으로 당신에게 에너지를 불어넣어 줄 것이다. 미소 짓기는 현대인에게 가장 어려운 것이지만 스피치에 있어서는 가장 중요한 표정에 해당하므로 집중적으로 다뤘다. 내가 전하려는 스피치 내용에 따라 지나치지 않게 표정을 지어 보자. 여러 가지 감정을 얼굴로 표현해낼 수 있다면, 당신의 스피치는 생동감 넘치며 월등한 설득력을 가질 것이다.

시선 처리하기(Eye-contact)

　의외로 누군가와 눈을 바라보며 말하기는 쉽지 않다. '시선 집중'이란 말이 있듯이 바라본다는 것은 관심에 대한 표시이다. 그래서 눈 맞춤이란 말에 힘을 더할 수 있고 그렇기에 신중해야 한다. 웃을 때에도 눈이 함께 웃어야 진짜 미소를 지을 수 있다. 눈은 아주 미묘한 감정을 드러낸다. 눈동자의 움직임, 눈꺼풀의 움직임으로 아주 세세하게 표현할 수 있다. 우리는 종종 거짓말을 판가름하기 위해 "내 눈을 보고 말해 보라."고 한다. 거짓을 말하는 경우 눈동자가 떨리고 상대의 눈도 피하게 된다. 눈은 많은 표현을 내포하고 있기 때문에 굉장히 중요한 요소이다. 요즘 서클렌즈를 끼는 것도 단지 동공을 크게 만들기 위해서만은 아니다. 렌즈로 원하는 이미지를 연출할 수 있기 때문이다. 렌즈 디자인에 따라 우수에 찬 눈빛, 생기발랄한 눈빛 등의 설명이 붙어 있기 때문에 원하는 이미지를 연출할 수 있다.

상대의 눈을 바라보지 못하는 경우

-누군가와 눈을 마주치면 불안하고 부담스럽게 느껴진다.

상대가 눈을 피하는 경우

-상대에게 부담을 주거나 압박감을 주는 시선을 갖고 있다.

내가 상대의 눈을 바라보지도 못하고 상대도 눈을 피하는 경우

위의 3가지 모두 보통 우리가 겪는 유형이다. 조금만 방법을 바꿔 본다면 시선 처리를 어렵지 않게 할 수 있다.

내가 상대를 볼 때 불안한 것은 나를 드러낸다고 여기기 때문이다. 내가 상대에게 무언가를 보여 주어야 한다는 불안감에 시선을 피하게 되는 경우가 많다. 결국 자신감이 부족함을 보여주는 것이다. 시선을 피하지 말자. 상대가 말할 때 갑자기 다른 곳으로 시선을 옮긴다면, 상대의 이야기에 관심이 없음을 보여 주는 것이다. 눈을 맞추는 것은 경청에 대한 표현이기도 하다. 눈을 보고 말하자고 했다고 상대와 눈싸움하듯 동공을 마주보자는 것이 아니다. 자연스럽게 얼굴 전체를 바라보는 느낌으로 시선을 처리해야 한다. 지그시 바라보자. 즉 시선을 고정하고 있는 것이 아니라 미간, 콧방울, 인중, 턱을 타고 자연스럽게 상대의 표정을 살피면서 말을 하자는 것이다. 나의 경우 시선을 고정해야 할 때는 주로 인중쯤에 시선을 둔다. 그리고 3초 정도는 시선을 한곳에 머물도록 하고 서서히 시선을 옮기고, 이야기를 마칠 때 다시 처음과 같은 곳에 시선을 둔다. 절대 아이컨택이 눈싸움하자는 것이 아님을 기억해야 한다. 눈싸움하듯 눈을 부릅뜬 채 시선을 고정하고 필요 이상으로 집중을 하는 시선 처리는 상대에게 부담을 주게 된다. 지하철에서 미니스커트 입은 아가씨를 바라보는 시선을 생각하면 될 것이다. 뚫어져라 보는 것도 금물이다. 오해를 사기 십상이다.

대중스피치를 할 때에도 시선 처리는 중요하다. 시선을 맞추지 않는다면, 서면으로 단체 메일을 보내는 것보다 스피치는 효과가 없다. 연단에서 남이 써 준 원고를 읽느라 급급한 기관 대표들의 경우 오로지 읽어야 할 원고에 시선을 맞추고 있기 때문에 대부분 그의 말에 집중하지 않는다. 진심도 없고 소통할 의사도 보여 주지 않기 때문이다. 같은 공간에 모여 있을 때 나에게 집중시키는 방법으로 아이컨택만큼 탁월한 방법은 없다.

대중스피치의 경우 시선 처리를 살펴보자.

- 청중을 고루고루 쳐다봐야 한다.

- 청중이 많을 경우 나름대로 그들을 그룹화한다. 좌측, 중앙, 우측

으로 그룹화해도 좋고 더 세세히 나눠도 좋다. 그리고 그룹별로 시선을 둔다. 그룹으로 시선을 나누어도 청중은 자신과 시선을 맞추고 있기 때문이다.

- 정말 집중해서 나에게 눈을 떼지 않는 청중이 있다. 갑자기 그 청중과 시선이 마주칠 때 당황해서 시선을 다른 곳으로 피하는 것은 금물이다. 그 청중과 충분히 시선을 나누고 여유 있게 다른 곳으로 시선을 돌려야 한다. 갑자기 마주친 시선을 피한다면 나에 대한 청중의 신뢰도 역시 떨어진다.

- 내가 준비한 원고나 자료 혹은 슬라이드만 바라보지 않는다. 성의 없고 자신 없는 모습을 적나라하게 드러내는 것이다. 내가 그들을 바라보지 않는다면 그들도 딴생각을 하게 된다.

- 유난히 질문을 많이 하고 내게 관심을 표하는 청중이 있다고 해서 시선을 그 청중에서 고정해서는 안 된다. 다른 청중에게 시선을 주지 않으므로 그들은 외면당한 느낌에 나의 스피치를 듣지 않을 것이다.

TIP. 좋은 말만 늘어놓는다고 좋은 스피치는 아니다

 제2차 세계대전에서 독일은 음성 감지 어뢰를 개발하는 데 성공했다. 미군은 음성 감지 어뢰의 비밀을 알아내기 위해 개발에 참여했던 한 군관을 사로잡았다. 하지만 쉽게 입을 열지 않을 것을 알고 오히려 심문을 하는 대신 그와 친근하게 지내며 일상적인 생활을 하도록 놔뒀다. 그러자 독일인 군관은 자신을 왜 심문하지 않는지 궁금해졌고 이에 미군 군관은 코웃음을 치면서 당신은 심문할 정도의 위치가 아니며 독일이 대단한 비밀 무기를 갖고 있을 거라고 생각하지도 않는다고 말했다. 이에 발끈한 독일인 군관은 결국 독일의 음성 감지 어뢰에 관해 모든 것을 털어놓고 말았다.

 이 이야기가 들려주는 것처럼 좋은 스피치가 반드시 좋은 말만 늘어놓는 것을 말하지는 않는다. 학생이나 기업을 상대로 어떤 강력한 동기 부여가 필요한 스피치를 할 때 살짝 자존심을 건드려주는 방법이 훌륭한 스피치로 이어질 수 있다.

Lesson 2
몸으로 말하기

　메시지의 전달력은 언어와 비언어적 요소가 잘 어우러질 때 극대화된다. 연극을 보면 배우들이 큰 무대를 오가면서 대사에 따라 갖가지 동작을 취한다. 섬세한 감정선을 잘 살린 대사와 몸짓이 우리에게 재미와 감동을 선사한다. 스피치도 마찬가지다. 우리가 말하는 내용에 맞는 몸짓을 적시에 드러냄으로 스피치는 완성된다. 주로 의사소통이 잘되지 않을 때 우리는 보디랭귀지를 활용한다. 보디랭귀지는 본능적인 수단이다. 갓난아기에게 아무도 가르쳐 준 적이 없는데, 배고프고 졸리면 우는 행동으로 자신이 원하는 것을 요구하는 표현을 한다. 강아지조차 복종을 표할 때 기다리는 자세를 취한다. 이처럼 보디랭귀지는 선천적으로 습득하는, 기본적인 감정 표현 방법이다. 언어가 이성적으로 생각을 표현하는 수단이라면, 비언어적 요소는 본능적인 표현이기 때문에 진정성을 더할 수 있다.
　인간에게 보디랭귀지는 기본적인 언어의 일부였다. 우리는 말하면서 양손을 많이 이용한다. 박수를 치고 발을 구르는 등의 동작은 말에 감동을 더하기도 하고 내가 전하는 메시지를 더욱 명확하게 표현할 수 있게 한다. 심지어 스피치의 내용을 보완하기도 한다. 소통의 달인이라고 하는 이들을 살펴보면, 언어와 비언어적 요소를 잘 활용한다. 가만히 서서 뒷짐 지고 그야말로 목석같은 모습으로 말하는 경우는 없다. 과장된 몸짓처럼 보일 정도로 비언어적 요소인 보디랭귀지에 능하다. 보디랭귀지는 대중스피치에서 더 큰 역할을 한다. 제대로 사용하면 매우 효과적이지만, 잘못 사용하게 되면 오히려 독이 될 수 있다는 말이다. 이제 어색하고 촌스러운 몸짓을 바꿔 보자.

1. 자세

 스피치를 할 때의 자세는 당신의 정서 상태를 보여 주는 것이다. 나는 얼마 전 한 콘퍼런스의 사회자로 진행을 하는 도중, 한 연자의 모습을 가만히 지켜봤다. 모 기관의 대표 연구원이었는데 리허설 때부터 굉장히 꼼꼼하게 준비하는 모습을 엿볼 수 있었다. 말끔하게 차려 입은 정장에 콘퍼런스의 상징 컬러로 타이까지 착용한 것으로 보아 그의 성격이 완벽주의자임을 알 수 있었다. 포인터로 도표를 가리키는 타이밍까지 철저히 체크한 후 발표를 기다리고 있었다. 그래서 그의 발표가 기대됐다. 헌데 막상 그가 발표할 때의 모습은 30점이라고 할 수밖에 없었다. 긴장한 나머지 연단에 서서 짝다리 자세로 오른쪽 왼쪽 무게 중심을 옮기며 흔들거리고, 손은 마이크를 잡았다가 단상에 올렸다가 주머니에 넣었다가 정신없었다. 게다가 준비한 내용을 잊지 않기 위해서인지 말하면서 턱을 점점 치켜들었다. 발표 내용은 귀에 들어오지 않고 그의 몸짓은 매우 거슬렸다.

아마 그 연자 앞에 있던 청중들은 더욱 그러했을 것이다.

아나운서의 방송 진행 모습을 살펴보자. 꼿꼿하지만 안정감 있고 편안한 자세이다. 그래서 자신감이 넘친다. 자신감 넘치는 모습에 그들의 말에 신뢰가 간다. 아나운서 시험 중 카메라 테스트는 서서 이루어진다. 얼굴을 클로즈업하는 것으로 시작해 여러 대의 카메라가 좌우 전신을 모두 촬영한다. 진행자에게 반듯한 자세가 필수 요건이라는 것이다. 생방송을 두 시간 넘게 하고 스튜디오를 나설 때 나도 모르게 "아이고, 허리야."라는 말이 절로 나올 만큼 허리를 곧추세운 자세가 중요하다. 지금 나의 자세는 어떠한가. 다시 거울 앞에 서자. 갑자기 억지로 자세를 가다듬는다면 나도 편하지 않고 보는 이도 불편하게 만들 수 있다. 평상시 습관으로 자세를 고쳐 나가야 한다.

앞서 호흡을 위한 자세를 살펴봤다. 좋은 호흡을 만드는 자세를 스피치에도 동일하게 적용시키면 된다. 등을 곧게 세우고 어깨를 자연스럽게 펴고 서야 한다. 어깨가 움츠러들어 있으면 자신감이 없고 불안해 보인다. (앉아 있을 때도 마찬가지이다.) 그렇다고 긴장한 듯 어깨가 귀 방향으로 솟아올라서도 안 된다. 머리는 좌우 어느 방향으로도 치우치지 않도록 한다. 머리부터 허리까지 곧고 바르게 유지해야 한다. 고개는 너무 당겨 숙이지 않도록 하되, 그렇다고 턱을 쳐들면 건방진 인상을 줄 수 있으니 약간만 당긴다. 증명사진을 찍을 때처럼 자세를 취한다. 요즘 셀카를 찍는 각도가 절대 아니다.

　서서 말을 할 때 남자는 두 다리의 간격을 어깨 너비 정도로 벌려 두 발이 일직선상에 놓이도록 한다. 두 발에 모두 무게 중심을 두어 몸이 삐딱하게 기울어지지 않도록 한다. 여자의 경우 골반 너비 정도로 다리를 벌리고 굽이 있는 구두를 신었다면 한쪽 발을 반보 정도 앞으로 내민 상태로 서서 무게 중심을 양발 전체에 두면 안정감 있게 설 수 있다. 절대 짝다리를 짚으면 안 된다. 짝다리를 짚으면 오른쪽 왼쪽으로 번갈아 가면서 체중을 이동시키게 되므로 산만하고 약해 보일 수 있다. 반듯하고 흔들림 없는 자세로 스피치에 임해야 하며 말을 할 때 몸의 방향은 항상 청자를 향해야 한다.

　이제 문제는 손이다. 손은 제2의 두뇌라고 한다. 뇌와 손은 가장 많은 신경이 연결되어 있어 손의 움직임을 보면 심리 상태를 파악할 수 있다. 말을 하면서 손을 어디에 두면 좋을지 망설이다가 양손을 맞잡아 본 일이 있을 것이다. 스피치 원고와 마이크 혹은 포인터를 들고 있을 때는 그래도 괜찮다. 손에 아무것도 들고 있지 않은 상태로 무대나 연단에 서면 두 손이 굳는다. 긴장 상태가 표현되는 것이다. 그래서 대부분의 사람들이 양손을 앞으로 모으고 깍지를 낀다. 이때 팔을 축 늘어트려 몸에 붙이고 손을 잡거나 깍지를 끼면 자세

가 흐트러진다. 사실 손은 어깨선 아래로 자연스럽게 떨어뜨리는 것이 가장 좋다. 하지만 그 상태가 너무 어색하다면 두 손을 포개는 것도 괜찮지만 팔꿈치를 많이 굽혀 손이 배꼽보다 위로 올라오면 안 된다. 너무 꽉 움켜쥐지 않도록 한다. 꽉 쥔 손은 당신이 긴장하고 있음을 보여 준다. 롤러코스터를 타는 게 아니므로 손을 자연스럽게 쥐도록 한다. 서비스업에 종사하는 분들은 공손과 친절이 몸에 배어 손의 위치가 배꼽보다 위인 경우가 종종 있는데, 스피치에서 자신감 있는 손은 배꼽 아래가 좋다.

스피치를 할 때 손짓은 MSG다. 자주 쓰지 않지만, 조금만 써도 맛이 배가 된다. 손날을 세워 내리치면서, 말하고 있는 단어 하나하나의 의미를 짚어 가며 강조할 수 있다. 정치인들이 연설을 할 때 많이 사용하는 손짓이다. 엄지손가락을 추켜세워 최상급을 표현한다. 엄지와 검지를 붙여서 시선을 끌어 모아 핵심 메시지를 전한다. 검지를 세워 어딘가를 가리키는 것으로 강조하기도 한다. 하지만 검지는 잘못 활용하면

상대방이 매우 불쾌할 수 있으므로 방향을 잘 정해야 한다. 양손을 들어 손바닥을 보여주는 것은 이야기의 단락을 마무리 지어 결론을 말할 때 쓰곤 한다. 다만 제스처를 과도하게 남발하면 오히려 집중력이 떨어진다. 한가지 제스처를 지나치게 반복하는 것 또한 피해야 한다. 그래서 말하기 전에 제스처가 계산돼 있어야 한다. 나는 방송을 시작하고 뉴스가 아닌 교양 프로그램 MC를 맡으면서 비로소 손짓을 쓸 기회가 생겼다. 물론 행사장에서 사회를 볼 때도 마찬가지지만, 대본 리딩 연습을 하면서 어떤 멘트를 할 때 고개를 끄덕이고 어떤 손짓을 언제 해야겠다는 것도 하나하나 정해 놓고 연습을 했다. 그만큼 스피치를 할 때 전략적으로 활용할 수 있는 비언어적 요소가 손짓이다. 1:1 대화를 할 때도 마찬가지이다.

대중스피치에서는 제스처의 크기를 청중의 수에 따라 조절하는 것이 좋다. 팔을 좀 더 옆으로 쭉 뻗어 슬라이드를 가리키고 손을 앞으로 길게 뻗어 내민다. 두 사람 간 대화에서 이렇게 큰 동작을 쓰는 사람은 별로 없을 것이다. 하지만 의식하지 않으면 대중스피치에 나설 때도 제스처의 크기가 평소처럼 작기 때문에 내가 느낄 때 조금 더 큰 목소리와 큰 몸짓을 해야 한다.

대화를 할 때 상대가 나에게 몸을 가까이 기울이거나 나의 방향으로 돌아서 듣는 모습을 본 적이 있을 것이다. 더 잘 듣고 싶다는, 관심이 있다는 몸짓이다. 그리고 공손함을 보여 주는 모습이기도 하다. 하지만 영화 속 왕이 신하의 이야기를 들을 때 모습을 그려 보자. 의자 등받이에 등을 기대고 턱을 치켜들고 팔걸이에 팔을 늘어뜨리고 자신의 권위를 보여 준다. 드라마 속 허세 가득한 상사의 모습도 이렇게 그려진다. 이런 몸의 각도도 대화를 할 때 신경 쓴다면 내가 원하는 이미지를 만들 수도 있고 내 생각을 표현할 수 있다.

제스처 스킬

- 말과 어울리는 제스처를 취한다.
- 바로 선 차렷 자세나 편안하게 손을 앞으로 모은 것을 기본자세로 삼는다.
- 어떤 몸짓을 취한 뒤 자연스럽게 다음 몸짓을 이어가거나 기본자세를 취한다. 그렇지 않으면 산만해지고 말의 흐름이 방해된다.
- 좌우 균형 있는 몸짓을 한다.
- 몸짓은 큰 무대가 아니라면 내 어깨너비 안에서 곡선을 이루며 표현한다.

주의해야 할 제스처

- 코를 만지거나 코를 찡긋하지 말아야 한다. 거짓을 말하고 있거나 상대의 얘기에 부정적인 답변으로 응답하는 행위로 보인다.
- 팔짱을 끼는 것은 대표적인 방어적 자세이다. 말을 하면서 팔짱을 끼면 자신감이 없음을, 상대가 말할 때 팔짱을 끼면 무관심이나 적대적인 표현을 하는 것이다.
- 말을 하면서 머리나 목덜미를 긁적이는 행동 역시 자신감이 없고 불안한 심리 상태를 보여 준다.
- 반복적으로 머리를 넘기고, 턱을 쓰다듬고, 단추를 만지작거리는 행동은 불안과 초조함을 여실히 보여 준다.
- 주머니에 손을 넣고 있지 말자.

2. 동선

　대화를 하면서 뛰어다닐 일은 없으니 동선에 대한 부분은 대중스피치에 해당한다. 보통 대중스피치는 무대가 존재하는데, 초보의 경우 무대에 설치된 연단(포디움)에 몸을 고정한 채 스피치를 하는 경우가 많다. 본인은 제자리가 편할 수 있다. 원고도 연단에 놓고 봐야 하고 슬라이드도 넘겨야 하고 할 일이 많으므로. 하지만 노련하게 스피치를 하는 사람들의 경우 무대를 마음껏 활용한다. 의미 없이 어슬렁대며 거닐고 있는 것이 아니다. 계산된 시점에서 걸어 나와 전략적인 부분에서 멈추고 돌아서고 발걸음을 옮기는 것이다. 의미 없이 무대를 걸으면서 스피치를 한다면, 오히려 청중을 산만하게 하여 스피치를 망치게 된다. 하지만 이미 계산된 발걸음은 청중을 내 편으로 만들 수 있는 기회를 제공한다.

　앞서 대중스피치의 시선 처리에서 그룹으로 나누어 바라보라고 했다. 소통의 열정을 드러내려면 무대에서 그룹화한 좌우 중앙으로 발걸음을 옮겨서 적당한 시간 분배(약 5초 정도)를 하여 청중 모두에게 시선을 나눠 준다면, 청중을 최대한 집중시킬 수 있다. 가수들도 노래를 부르며 오른쪽 왼쪽 무대를 뛰어다니며 곳곳의 관객을 환호하게 한다. 스피치에서도 마찬가지로 무대를 활용하는 것이다. 이때 주의할 점은 움직이면서 머뭇거리지 않는다는 것이다. 멈출 지점에 정확히 서서 스피치 하고, 발걸음을 옮길 때에도 우물쭈물 방향을 헤매지 않아야 한다.

  교양 프로그램에서는 종종 걸어가다가 멈추어 서서 오프닝이나 클로징 멘트를 할 때가 있다. 방송을 시작할 때 걸으면서 말을 하면 멘트가 틀리고, 갑자기 멈춰 서면 멘트도 멈칫하는 등 말과 행동 두 가지를 동시에 한다는 것이 너무나 힘들었다. 유독 나에게 힘들었을 수도 있지만 이 역시 어떤 단어에서 멈추고 어미가 끝나면 왼발부터 걸어야겠다는 계산을 미리 하고 연습을 하니 가능해졌다. 연습은 몸짓도 바꿀 수 있다.

3. 이미지

  종종 인터넷 쇼핑몰에서 '아나운서 스타일'이라는 단어를 보게 된다. 언제부터인지 짧은 단발머리 혹은 쇼트커트 헤어스타일에 정장을 입으면 아나운서 스타일이라고 부른다. 최근에는 긴 머리를 풀어 양 어깨 앞으로 늘어뜨리고 정형화된 의상을 입지 않고 뉴스를 진행하기도 한다. 하지만 과거 전형적인 아나운서 스타일이라 함은 신뢰감 있는 비주얼의 공식처럼 단정한 정장과 귀 뒤로 넘긴 턱 선의 단발머리를 일컬었다. 그만큼 의상과 머리 모양도 진행자의 이미지에 큰 영향을 미친다는 것을 알 수 있다. 대중스피치이건 1:1대화이건 이미지는 스피치의 또 하나의 요소이다. 이미지도 전략이다. 자신만의 이미지를 점검하는 규칙을 세워 보자. 내가 아나운서 준비생들을 교육할 때 조언해 준 기준을 적용해도 무방하다. 대중스피치를 할 때도, 면접 의상을 고를 때도 적용해 보자. 첫째, 이왕이면 촌스럽지 않다면 좋을 것이다. 둘째, 유행 아이템이라고 착용하지 말고 나의 스타일을 찾아 고수하자. 셋째, 내가 좋아하는 색상 말고 잘 어울리는 색상을 선택하자. 넷째, 깔끔함은 기본이다.

 남성

- 정장을 입었을 때엔 서서 말하거나 앉아서 말하거나 재킷 단추를 적어도 하나는 잠근다.
- 넉넉한 품이 편할지라도 너무 헐렁하지 않은 재킷을 고른다. 팔을 여유롭게 움직일 정도가 적당하다.
- 어깨선이 앞으로 혹은 뒤로 넘어가지 않았는지 확인한다.
- 정장에 무늬가 있다면 셔츠는 단색을 고른다.
- 정장보다 어두운 톤의 셔츠를 선택하지 않는다.
- 포인트로 정장과 잘 어울리는 톤의 넥타이를 택한다.
- 바짓단은 구두 굽의 반 정도를 덮는 길이로 맞춘다.
- 정장에 흰 양말을 신지 않는다.
- 최근에는 정장을 갖춰 입지 않는 경우도 많으므로 TPO(time place occasion)에 맞춰 선택한다.

여성

- 스피치의 목적에 따라 치마 혹은 바지를 결정한다. 리더의 모습이나 자신감 넘치는 이미지를 원한다면 바지를 선택한다.
- 치마를 선택했다면, 투피스와 원피스를 결정한다. 원피스는 여성스러움과 부드러움을 강조한다. 투피스는 전문가적인 느낌으로 신뢰감을 올릴 수 있다. 너무 짧지 않은, 무릎 선 정도의 치마 기장이 가장 적절하다.
- 원단에 패턴이 많거나 리본이 달린 의상은 지양한다.
- 길게 늘어지는 귀걸이와 현란하게 반짝이는 액세서리는 피한다.
- 구두 굽이 너무 높아서 무릎을 제대로 펴지 못하고 걸음을 걷는다면 당장 구두를 바꿔 신어라.
- 과장되지 않은 자연스러운 메이크업을 해라. 지나치게 긴 속눈썹, 펄 아이섀도, 스모키 메이크업은 삼가자.
- 단정한 헤어스타일로 매무새를 정리하자. 당일에 미용실에서 처음 해본 머리는 삼간다.

TIP. 스피치에 웃음을 담아라

 1796년 제2대 미국 대통령 선거에 출마한 연방파 존 애덤스는 심각한 스캔들에 휘말렸다. 그가 자신의 측근인 핑크니 장군을 영국으로 보내 미인 네 명을 선발했고 그 중 두 명을 핑크니 장군에게 주고 다른 두 명은 자기가 차지했다는 것이었다. 공화파는 이 스캔들로 존 애덤스를 맹렬히 비난했다. 당시 공화파 후보였던 제퍼슨이 이 일을 화제로 꺼내자 존 애덤스는 호탕하게 웃으며 말했다.
"저의 인격을 걸고 맹세합니다. 만일 그 소문이 사실이라면 필경 핑크니 장군이 제게 속한 그 두 명까지 독차지한 게 분명합니다."
 존 애덤스는 재치 있는 한마디로 자신에게 불리했던 여론을 반전시키고 결국 대통령에 당선이 되었다. 물론 평소의 모습이 밑바탕이 된 것이지만 유머는 위기상황의 극복에 훌륭한 무기가 된다. 유머감각과는 동떨어진 사람이라고 생각하는가? 그럴수록 더 유머 감각을 갖추려 노력해보자. 아재 개그라도 꾸준히 연습해보자. 스피치에 날개를 달아줄 것이다.

Lesson 3 |
소리로 말하기

"괜찮아요? 어디 다친 데 없어요?" 한 시대를 풍미했던 아이돌 그룹의 멤버 ○○○의 로봇연기는 한동안 많은 이들에게 회자되었다. 무표정한 얼굴, 경직된 자세, 동일한 어조로 국어책을 읽는 듯 대사를 처리하는 그의 연기를 우리는 로봇연기라 불렀다. 연기를 잘했다 못했다가 아니라 그의 연기에는 감정이 없다. 연기란 극중 인물의 감정에 몰입해 표현하는 것인데, 그는 대사를 외워서 틀리지 않고 뱉어 낸 것이다. 스피치 또한 마찬가지다. 아무리 재미있는 내용을 전한다고 해도 감정 없이 동일한 톤으로 말한다면 그 단조로움과 따분함이란 아무리 인내심 강한 청자도 견디기 힘들 것이다. ○○○의 연기를 보고 '누가 저렇게 말해.'라며 비웃겠지만, 실제 스피치에서 ○○○의 연기를 능가하는 이를 많이 봤다.

우리말에는 장단이 있다. 음악의 악보에서 보듯 우리말에는 박자도 있고, 높낮이도 있으며, 쉼표도 존재한다. 즉 리듬이 존재한다. 문장을 말하면서 빠르기를 조절하고 높낮이를 두어 강약 조절을 하고 단어를 말하는 사이에 적당한 쉼을 두어 표현하는 것을 말한다. 이러한 말의 리듬을 잘 살려낼 때 비로소 생생하고 귀에 쏙쏙 들어오는 스피치가 된다. 몇 해 전 참석한 결혼식에서 연세 지긋하신 교수님의 주례사를 듣던 도중 나도 모르게 잠이 쏟아져 졸아 본 경험이 있다. 어떤 느낌인지 알 것이다. 차분하고 부드럽게, 능숙하게 스피치를 하지만 지루하고 자꾸 딴 생각이 드는 스피치다. 선거철이 되면 선거 유세 차량에서 들려오는 소리도 무슨 내용인지 알기 힘들고, 귀가 따갑고 제발 그만했으면 하는 바람이 든다. 처음부터 끝까지 연신 높은 톤으로 크게 말하고 있기 때문이다.

1. 높낮이, 강약

아래 문장을 말하듯이 읽어 보자.

"고맙습니다."

"사랑합니다."

"당신은 세상에서 가장 아름다워요."

"어머니 정말 보고 싶습니다."

대부분은 무표정하게 담담하게 말한다. 다시 마음을 담아 말해 보자. 문장 끝을 올리거나 내려 보자. 그 느낌이 확연히 다르다. 말의 높낮이를, 목소리의 강약을 조절해 보자. 이렇게 목소리로 강조를 표현해 본다. 강조의 방법으로 목소리의 강약은 효과적이다. 무조건 강조를 위해서 강하게 힘주어 혹은 큰 소리로, 한 톤 높게 말하는 것만은 아니다. 때로는 목소리의 크기를 작게 하고, 낮은 톤으로 말해 집중시키고 강조할 수도 있다. 일단 강조하고 싶은 단어에 동그라미를 쳐 보자. 첫 번째는 평소 어조로 읽어 보자. 두 번째는 동그라미 친 단어를 강조해서 읽어 보자.

연습

- 한국 축구 대표팀은 카타르와의 2018 러시아 월드컵 최종 예선에서 3:2로 승리했다.
- 당신의 목소리는 어떤 색깔인가?
- KBO 포스트 시즌 티켓 판매가 오후 2시부터래.
- 2017년도 추석 연휴는 황금 연휴라던데.
- 걸크러쉬의 대표 주자는 누구라고 생각해.

당신은 어떻게 읽었나? 강조를 해 보라고 하면 대부분 자연스레 문장 내에서 그 단어를 조금 더 큰 소리로 힘주어 읽는다. 어색하겠지만, 조금 더 변화를 주어 읽는 연습을 해 보자. 이제 자신만의 표기를 해서 목소리의 높낮이를 조절해 보자.

답안

- 한국 축구 대표팀은(↗) 카타르와의 2018 러시아 월드컵 최종 예선에서 3(↗):2(↘)로 승(↗)리했다.
- 당신의 목소리는 어떤(↗) 색깔인가?
- KBO 포스트(↗) 시즌 티켓 판매가 오후 2시(↗)부터래.
- 2017년도(↗) 추석(↗) 연휴는 황금(↗) 연휴라던데.
- 걸크러쉬의 대표 주자는 누구(↗)라고 생각해.

이렇게 높낮이의 표시는 같은 문장이지만 저마다 다를 것이다. 같은 문장이라도 읽는 이의 상황과 감정에 따라 목소리의 높낮이를 조절하여 전혀 다른 의미를 전할 수 있다. 예를 들어 본인이 응원하는 야구팀이 KBO 포스트 시즌에 진출한 경우 2시를 기다리는 설렘을 담아 표현하게 될 것이고, 야구장을 가고 싶지 않은 아내는 남편이 2시에 티켓을 예매할 것에 대한 우려로 좌절감을 담아 읽게 될 것이다. 이러한 부분 때문에 나는 표현의 한계가 있는 카카오톡 메시지나 문자 메시지를 좋아하지 않는다. 물론 웃고 춤추고 울고 있는 이모티콘이 그 한계를 조금은 극복할 수 있게 해주는 수단이긴 하지만, 모든 관계에서 이모티콘을 쓸 수도 없는 노릇이지 않나. 우리나라 사람들은 감정 표현에 인색하다. 특히나 변화 있는 음성 표현에 어색함과 부담을 느낀다. 하지만 시도해 보자. 음성 표현에 조금만 변화를 주어도 스피치의 색깔이 달라진다.

2. 쉼

이제 쉼표로 넘어가 보자. 동양화에 여백의 미가 있다면, 말에는 포즈(PAUSE)의 미가 있다. 쉼표란 다시 말해 띄어 읽기다. 스피치 교육에서 글을 읽어 보는 연습을 시작하면 두 가지 부류의 양상이 있다. 쉬지 않고 빠르게 줄줄줄 읽거나, 띄어 써진 대로 모두 쉬어 읽는 경우다. 그럼 어떻게 띄어 읽어야 할까? 가장 중요한 것은 의미 단위로 나누어 읽어야 한다. 띄어 읽기가 제대로 되어야만 의미 전달이 명확히 될 수 있다. 또한 문장과 문장 간의 쉼(3~5초 정도)은 청자에 대한 배려이기도 하며, 다음 내용을 강조할 수 있다. 다음 내용에 대한 기대감을 주는 효과도 갖는다. 다음 세 가지 앞에서는 쉼이 필요하다. 핵심 메시지를 담은 문장, 화제를 전환하는 부분, 결론.

한 문장 내에서는 짧게 쉬면, 그 다음 단어를 강조할 수 있다.

-주어와 서술어 사이에 띄어 읽는다.
-의미 단위에서 띄어 읽는다.
-연, 월, 일, 시, 분 뒤에 띄어 읽는다.
-장소 뒤에 띄어 읽는다.
-나열식 문장에서 띄어 읽는다.

첫 번째 읽을 때 위의 5가지 모두를 띄어 읽어 보고, 두 번째 읽을 때에는 띄어 읽지 않아도 내용 전달에 무리가 없다면 붙여 읽는다. 물 흐르듯 자연스럽게 읽자. 말하듯이.

기호를 이용해서 띄어 읽을 곳을 표시한 뒤 읽어 보자.

/ -길게 띄어 읽기(하나 둘 세고 읽기)

V -짧게 띄어 읽기(하나 세고 읽기)

연습

- 나는 공부한다.
- 수능 시험을 앞둔 나는 학교 도서관에서 공부한다.
- 10월 8일 저녁 8시 서울 여의도 63빌딩 앞 한강공원에서 2016 세계불꽃축제가 열린다.
- 올해 노벨 평화상은 콜롬비아의 반세기 동안의 내전을 끝내는 평화협정을 이끈 후안 마누엘 산토스 콜롬비아 대통령에게 돌아갔습니다.
- 12일 저녁 7시 44분(규모 5.1)과 8시 32분(규모 5.8) 경북 경주 남쪽에서 잇따라 일어난 지진은 대구와 경북, 울산, 부산, 경남 지역을 뒤흔들었다. 주민들은 집이 흔들리자 근처 공원이나 학교 운동장에 모여 밤새 불안에 떨었다.

답안

- 나는V 공부한다.
- 수능 시험을 앞둔 나는/ 학교 도서관에서 공부한다.
- 10월 8일 저녁 8시V 서울 여의도 63빌딩 앞 한강공원에서V 2016 세계불꽃축제가 열린다.
- 올해 노벨 평화상은/ 콜롬비아의 반세기 동안의 내전을 끝내는 V 평화협정을 이끈/ 후안 마누엘 산토스V 콜롬비아 대통령에게 돌아갔습니다.
- 12일V 저녁 7시V 44분V (규모 5.1)과V 8시V 32분V (규모 5.8)/ 경북 경주 남쪽에서 잇따라 일어난 지진은/ 대구와 경북, V 울산, V 부산, V 경남 지역을 뒤흔들었다. 주민들은 집이 흔들리자V 근처 공원이나 학교 운동장에 모여/ 밤새 불안에 떨었다.

너무 잦은 쉼은 스피치의 세련미를 해친다. 쉼에 대한 이해와 감을 잡았다면, 자연스럽게 의미 단위로 쉬어 읽기를 하면 귀에 잘 들어오는 스피치가 가능하다.

3. 말의 속도

앞서 쉼과는 조금 다른 말의 속도에 대해서 살펴보자. 이 역시도 문장의 속도에 변화를 주고, 단어를 늘여 말하는 것으로 감정에 대한 표현과 강조를 하기 위해 활용할 수 있다. 말의 속도를 리드미컬하게 변화를 주는 것이 핵심이다.

> 얼~마나 맛있게요?
> 저는 세상에 태어나 하고픈 일이 너~~무 많습니다.
> 양석환이 7회 초 적~시~타를 날~~렸습니다.
> 저탄수화물 고지방 식단은 절~대로 해서는 안 됩니다.
> 가습기 살균제는 정~~말 무서워.

4. 연기

아나운서의 경우 자료 화면에 내레이션을 녹음할 일이 종종 있다. 자료 화면의 흐름에 따라 완급 조절을 하며 내용에 따른 감정이 물씬 묻어나게 내레이션을 녹음해야 한다. 마치 연기하듯, 내가 먹고 있는 듯, 내가 현장에 나가서 풍경을 보고 있는 듯, 화면 속 인물이 된 듯, 내레이션을 읽어 나간다. 간혹 다급히 준비하다 보면, 여러 차례 거듭 녹음하는 일도 생긴다. 실제로 원고를 읽으면서 내가 화면에 빠져든다는 상상을 한 뒤 녹음을 하면, 내가 들어 봐도 생생함이 살아난다. 가끔은 영상의 내용을 내 것으로 소화하지 못해 머리를 쥐어뜯으며 녹음실에서 눈을 감고 한동안 상상의 시간을 갖기도 했다. 내가 아는 만큼 표현하게 되어 있다. 철저히 문장의 상황과 내용과 감정을 내 것으로 만들어 이해하고 표현해야만 듣는 이에게 전달된다. 내 모습이 보이는 상태에서 진행할 때보다 더욱 말의 중요성이 커진다. 나의 발음, 나의 목소리로 내레이션의 감성을 표현해야 하기 때문이다. 그래서 다큐멘터리의 내레이션에 목소리가 좋은 연기자들이 참여하는 이유도 이것이다.

기본적으로 아나운서의 발성과 배우의 발성은 차이가 있다. 아나운서는 신뢰를 바탕으로 사실 전달이 기본이다. 물론 최근에는 영역을 넓혀 예능 프로그램을 맡거나 틀을 깨는 진행을 보여 주기도 하나 기본은 시, 청취자의 이성에 호소해야 한다. 배우는 재미와 감동을 주는 희로애락을 표현하며 감성에 호소한다. 그래서 더욱 다양한 발성과 표현 방식을 사용한다. 나는 스피치 수업을 하면서 꼭 커리큘럼에 '연기하기'를 넣는다. 대부분 어색하고 쑥스러워서 못하겠다고 피하지만 막상 해보면 무미건조한 자신의 스피치 틀을 깨는 데 이만한 것이 없다. 드라마 <킬미 힐미>처럼 내 안에 아주 여럿의 내가 살고 있는데, 표현하지 못하는 이들에게 표현력 향상을 위해 꼭 필요한 연습이라고 생각한다. 지금까지 연습한 호흡과 발성, 발음에 속도와 목소리의 높낮이, 강약까지 더하고 감정을 담아 말하듯이 표현해 보자. 눈으로 대사를 읽어 보고 감정을 몰입해서 소리 내어 읽어 보자. 설마 책을 펴고 혼자 읽는 것조차 쑥스러워 소리 내지 못한다는 변명은 하지 말자. 스피치도 잘 짜인 한 편의 연극이다.

기쁨, 인정, 사랑, 행복
솔직히 내가 좀 살이 찌긴 쪘죠? 근데요… 그래서 더 예쁘다는 사람이 있어요. 후훗 나도 처음엔 믿어지지 않았어요. 근데 사실인 거 있죠? 음 그 사람이 누구냐 하면요… 아까 복도에 서있던 멋있는 사람 생각나요? 아니, 그 사람 말고요. 정말이에요! 이건 내 상상이 아니라니까요! 그 사람 이름이 뭔지 알아요? 강! 이! 환! 이름도 너무 환상적이지 않아요? 우린 요즘 연애중이에요. 그냥 데이트가 아니라 연애를 하고 있다니까요. 아~ 어쩌면 좋아. 난 사랑에 빠졌나 봐요!
-영화 〈코르셋〉 중 선주의 대사

슬픔, 상심, 포기, 한탄
아저씨… 아저씨도 내가 창피하죠? 그래서 모른척 했죠?(웃는다) 괜찮아요… 반 애들도 그렇고 선생님도 그런데요 뭐… 엄마도 집 잃어버리면 주소랑 전화번호 모르는 척하래요. 술 마시면 맨날 같이 죽자는 소리만 하고(목이 메는) 거지라고 놀린 뚱땡이 새끼보다 아저씨가 더 나빠요… 그래도 안 미워요… 아저씨까지 미워하면 내가 좋아하는 사람이 한 개도 없어… 그 생각하면 요기가 막 아파요… 그니까 안 미워할래(가슴을 만지며 눈물을 떨군다.)
-영화 <아저씨> 중 소미의 대사

담담함, 깨달음 ─────
내가 이번에 바닥을 치면서 기분이 참 드러울 때가 많았는데, 한 가지 좋은 점이 있다. 사람이 딱 걸러져. 진짜 내 편과 내 편을 가장한 적. 인생에서 가끔 큰 시련이 오는 거 한 번씩 진짜와 가짜를 걸러내라는 하느님이 주신 큰 기회가 아닌가 싶다.
-드라마 <별에서 온 그대> 중 천송이의 대사

악함, 복수 ─────
모든 진실에는 대가가 따르는 법이야. 넌 그 고통을 감수하지 못하고, 혼자 몸부림치겠지. 그리고 그 고통에 맞서는 건 나고. 앞으로도 내 뒤에 숨어서 있는 듯 없는 듯 살아가.
-드라마 <킬미 힐미> 중 신세기의 대사

회상, 아련함, 그리움 ─────
내 마누라 죽기 전에… 우리가 처음 만났던 곳에 데리고 간 적이 있었는데 말이야… 진짜 신기하게도 거의 모든 걸 기억하더란 말이지… 너무너무 가는데 눈물이 자꾸 나는 거야… 정말 그래도 다시 마누라 기억이 돌아오는 줄 알았어… 그런데 그렇게 한 세 시간 지나니까 다시 나를 보면서 누구세요 누군데 그렇게 우세요? 이러는 거야… 사람의 머리라는 게… 그래서 신기한 거야. (애써 웃으며) 그냥 내 경험이야… 책에도 없어.
-영화 <내 머리 속의 지우개> 중 이 박사의 대사

원망, 공포, 두려움, 애원
너무… 너무 무서워요…. 무서워요… 무서워… 정원씨 내 말 다 믿는 댔죠… 다 믿는 댔죠?(울면서) 알고 싶다고 했잖아… 알고 싶다고…. 당신도… 언니도… 난… 난 사실을 알려 준 것뿐이야…(운다) 내가 뭘 잘못했지?… 내가… 나… 언니가 너무 불쌍해서… 알려 준 것뿐인데… 내가… 내가 뭘 잘못했죠? 정원씨… 당신도… 당신도 알고 싶댔잖아… 그랬잖아… 도와 달라고… 도와 달라고 했잖아…(갑자기 정색하고) 나 미워요? 나 원망하나요? 나 믿죠? 믿는 거죠?
-영화 <4인용 식탁> 중 연의 대사

억울, 분노, 화

누구 마음대로! 다 자기 멋대로야! 내가 필요할 땐 어디 있다가 안 나타나고. 이렇게 갑자기 나타나서 왜 내 인생을 방해해? 우리 집이 왜 이렇게 됐는데! 이런 식으로 피해자 보호한답시고 혼자 오버하다가 고소당해서 보상금 내고 빚지고 엄마 고생시키고 술 먹고 때리고 가족 다 내팽개치고 밖으로만 싸돌아다니다가 이제 와서… 이제 와서 날 구하러 온 거야? 어?

-드라마 〈히트〉 중 희진의 대사

회유, 설득, 애원

얘들아… 왜 그래? 연습하자… 응? 빨리 연습하자… 우리끼리 하면 돼… 아파트? 응? 너 순덕씨 두고 군대 갈 거야? 빨리 장비 챙겨서 올라가자. 너 거기서 뭐해. 올림픽 나가야지… 우리 올림픽 나가야지… 우리도 메달 딸 수 있어…(감정이 복받쳐 오른다) 나 올림픽 나갈 거야… 나가야 된다고.

-영화 〈국가대표〉 중 칠구의 대사

   호흡과 발성, 발음에 대한 연습과 자신감 넘치는 마인드, 생생하고 설득력 있는 콘텐츠를 준비했으므로 이제 당당한 모습으로 스피치를 하면 된다.

TIP. 말은 간결하고 단순할수록 아름답다

 우리는 정이 많은 민족이다. 그래서인지 무엇이든 상대방에게 더 주려고 노력한다. 말을 할 때도 가끔 이런 원리가 작용한다. 상대가 이해를 못할까 봐, 내 설명이 불친절해 보일까 봐 등등의 이유로 끊임없이 말을 덧붙이고 덧붙인다. 혹은 상대에게 멋있게 보이고 싶어서 자꾸만 치렁치렁 말에 단장을 한다. 하지만 곁가지가 너무 많으면 스피치의 핵심이 흐려진다. 소박하고 단정하게 옷을 입은 사람은 그 사람을 자세히 들여다볼 수 있지만 번쩍번쩍 화려한 액세서리로 치장한 사람은 꾸며진 것들에 가려서 그 사람 자체를 잘 볼 수 없는 것과 마찬가지다. 스피치를 할 때도 이를 명심해야 한다. 더 잘하려는 욕심에 자꾸 살을 붙이다 보면 스피치가 무겁고 답답해질 수 있다. 좋은 스피치는 핵심이 명확하고 단순하게 전달되어야 한다. 스피치에도 다이어트가 필요하다.

Part 4.
스피치는 연습이다

좋은 스피치를 위한 모든 노하우를 전했다. 당신도 아나운서 못지않은 깔끔하고 세련된 스피치를 할 수 있다. 꾸준히 스피치를 발전시켜 나가는 방법을 제시한다.

Lesson 1 |
낭독 훈련

　다양한 자료를 낭독하기를 바란다. 포털 사이트 연예, 스포츠 페이지를 읽으면서도 옆 사람에게 말하듯이 읽어 주는 방법을 추천한다. 낭독 훈련은 밀(고)당(기기)을 해야 한다. 강조할 부분을 천천히 크고 강하게 한 호흡으로 의미를 나눠 읽어야 한다. 앞 장의 '소리로 말하기' 부분에서 충분히 연습한 것을 기억하자. 마치 어린이들에게 구연동화 하듯 읽어 준다. 이 과정은 내가 읽으면서 머릿속에 내용을 입력하여 저장하는 데에도 효과적이고 읽기를 말하기처럼 연습하는 데도 탁월하다. 충분히 말하듯이 읽는 것이 가능해지면 내용을 눈으로 요약해 가면서 말해 본다. 말을 잘한다는 것은 단순한 사실 전달이 아니라 아는 바를 대화의 적재적소에 잘 풀어내는 유창함이 있다는 것이다. 유창함이란 이야기를 요약정리, 즉 압축해 낼 수 있어야 한다. 그렇지 않으면 중언부언하다 스스로 무슨 말을 하려는지 놓치고 만다.

다음 지문을 처음엔 말하듯이 읽어 본다.
같은 지문을 두 번째에는 한 문장으로 요약한다.

1) 제70회 칸국제영화제가 이달 17일(현지시간) 막을 올린다. 올해 칸 경쟁부문에는 한국영화 2편을 포함해 세계 각국에서 진출한 총 19

편의 작품이 최고 영예인 황금종려상을 놓고 겨룬다. 올해는 한국영화 풍년의 해이다. 봉준호 감독의 〈옥자〉와 홍상수 감독의 〈그 후〉 2편이 경쟁 부문에 진출한 것을 포함해 총 5편의 장편영화가 공식부문에 초청됐다.

〈옥자〉는 전통적인 극장 배급방식이 아닌 온라인 스트리밍 서비스를 염두에 두고 넷플릭스가 제작한 영화라는 점에서 개막 전부터 논란과 화제의 중심에 섰다. 〈그 후〉는 홍 감독과 김민희·권해효가 호흡을 맞춘 작품. 출판사 전 여직원과 사귀다 헤어진 유부남 봉완(권해효 분)과 그의 여자로 오해받는 아름(김민희)의 이야기로, 권해효가 주인공이다.

변성현 감독의 〈불한당:나쁜 놈들의 세상〉, 정병길 감독의 〈악녀〉는 미드나이트스크리닝에 초청됐다. 〈불한당〉은 두 남자의 우정과 배신에 초점을 맞춘 액션 누아르며, 〈악녀〉는 살인 병기로 그려진 여성을 주인공으로 내세운 영화다. 두 영화 모두 액션영화라는 점이 눈길을 끈다.

지난해 비경쟁 부문에 초청돼 호평을 받았던 〈곡성〉과 〈부산행〉처럼 두 작품도 화제를 모을지 관심이다. 홍상수 감독의 또 다른 신작 〈클레어의 카메라〉는 스페셜스크리닝에 초청됐다.

내용을 한 문장으로 요약해서 적어 보자.

･ ･ ･

2) 11일 한국농수산식품유통공사(aT)에 따르면 설 연휴 이후 하향 안정세를 이어가던 계란 평균 소매가(30개들이 특란 기준)는 지난 3월 중순부터 다시 오르기 시작해 10일에는 7,901원까지 뛰었다. 이는 한 달 전보다 400원, 1년 전에 비해선 2,600원 이상 급등한 것이다.

대한양계협회 고시가격도 특란 1개당 210원으로 지난달 20일 200원을 돌파한 이후 지속적으로 오르고 있다. 특히 계란 소비가 활발한 서울·수도권 지역의 일부 슈퍼마켓에서는 30개들이 계란 한 판 가격이 1만 원을 넘는 경우가 속출하고 있다.

계란값이 다시 치솟고 있는 이유는 공급이 수요를 따라가지 못하고 있기 때문이다. 지난해 11월 5일 AI가 발생한 이후 6개월여 만에 국내 전체 산란계의 36%에 해당하는 2,518만 마리가 살처분됐다. 이에 정부는 지난 1월 말 AI 발생 두 달 만에 호주 등에서 신선란을 처음으로 수입해 시중에 풀어 공급 부족 현상을 완화했다.

내용을 한 문장으로 요약해서 적어 보자.

• • •

3) 최악의 미세먼지가 닥친 지난 주말, 마스크를 착용하고 집밖에 나선 사람들을 쉽게 찾아볼 수 있습니다. 하지만 마스크를 선택하는 기준은 혼란스럽습니다. 자주, 많이 쓰다 보니 가격만 보고 선택하기도 합니다. 식약처의 인증을 받은 것과 그렇지 않은 마스크의 효능 차이를 실험해봤습니다.
소금물 입자를 환경부 미세먼지 기준보다 조금 작은 0.6마이크로미터의 크기로 만들어 통과시켰습니다. 인증을 받은 마스크는 입자를 99% 걸렀지만 인증받지 않은 마스크는 5.8% 천 방한대는 4.7%만 걸렀습니다.

식약처는 마스크는 한 번만 사용하는 것이 좋고 빨거나 손수건을 덧대면 모양이 틀어져 효능이 떨어질 수 있다고 설명했습니다.

내용을 한 문장으로 요약해서 적어 보자.

TIP. 단어 하나가 스피치의 분위기를 좌우한다

같은 얘기라도 단어와 어투에 따라 뜻이 달라진다. 어떤 말은 불쾌하게 하고 어떤 말은 상대의 마음을 움직이게 한다.

-밥이나 처먹어

-우선 밥부터 먹어

흥분해 있는 상대에게 일단 식사부터 하라고 권하는 말이다. 분명 내용은 똑같지만 듣는 사람 입장이라면 어떨까? 첫 번째 말을 들었다면 아마도 숟가락을 집어던지고 뛰쳐나갈지도 모른다. 그러나 두 번째 말을 들었다면 흥분을 가라앉히고 식사를 하게 될 것이다.

이처럼 같은 의미를 담고 있다고 해도 어떤 단어와 말투를 사용하느냐에 따라 전달되는 의미는 상당히 달라진다. 상대의 마음을 움직이고 싶다면 표현 방법에도 신경을 써야 한다. 단어도 세심히 가려 쓰자.

Lesson 2 |
1분 스피치 훈련

 매일 한 가지 주제어를 정한다. 생각의 흐름을 단어로만 개요를 적는다. 타이머를 1분으로 맞춘다. 시간 내에 앞서 제안한 모든 표현 방법을 활용하여 스피치를 하면서 녹음한다. 영상으로 촬영하면 더욱 좋다. 그리고 나의 스피치 모니터링을 한다. 핵심 메시지를 제대로 말했는지, 적절한 사례를 들었는지, 스피치의 마무리를 지었는지 확인해 본다. 영상으로 촬영했다면, 자세와 표정, 몸짓, 시선 처리를 적절히 활용했는지 확인한다.

 이 훈련이 충분히 되었다면, 개요를 적지 않고 머릿속으로 잠시 정리한 후 동일한 과정으로 훈련한다. 시간에 맞추어 말하기는 면접이나 프레젠테이션을 준비하는 경우에도 도움이 되는 훌륭한 스피치 훈련이다. 점차적으로 1분, 3분, 5분으로 늘려 나가는 단계 훈련도 추천한다. 1분 스피치는 단기간 내에 스피치 실력을 월등히 향상시킬 수 있다.

TIP. 예의에 맞는 말을 써야 한다

결혼식이나 장례식 등 일상생활에서와 달리 예의를 반드시 갖춰야 할 자리가 있다. 특히 문상을 가서 어떤 위로의 말을 건네야 하는지 어려워하는 사람들이 많다. "삼가 조의를 표합니다.", "얼마나 슬프십니까?", "뭐라 드릴 말씀이 없습니다." 정도의 인사가 적당하다. 다만 너무 큰소리로 말하지 않고 뒤를 흐리는 것이 예의다. 상주나 문상객이나 많은 말을 하지 않는 것이 좋다. 몇 가지 관련 용어들을 알아두면 도움이 된다.

근조 : 삼가 고인의 명복을 빕니다
부고 : 사람이 죽음을 알리는 말이나 글
부의 : 초상 난 집에 도우려고 보내는 돈이나 물건
선친 : 남에게 대하여 '자기의 돌아간 아버지'를 일컫는 말
조문 : 조상하는 글, 또는 상주된 사람을 위문함

Lesson 3 |
듣고 말하기 훈련

 실제로 1:1 교육이 아닌 경우 스피치 교육 시간에 많이 활용하는 방법이다. 말하기 전에 듣기가 제대로 되어야 하므로, 듣는 연습을 한다. 함께 훈련할 수 있는 이가 있다면 좋지만 혼자서도 할 수 있는 방법이 있다. 여럿이 연습한다면, 1분 스피치를 돌아가면서 하고 앞 사람의 이야기를 들은 대로 정리해서 적어 보면 내가 얼마나 제대로 듣기를 했는지 확인해 볼 수 있다. 혹은 뉴스 다시 보기를 활용하자. 하나의 기사를 듣고 난 뒤, 그 기사의 핵심 내용을 적어 본다. 그리고 다시 본 뉴스와 비교하여 얼마나 정확하게 듣고 기억하는지 확인해 보는 것이다.

TIP. 간단한 인사말에도 예의를 갖추자

　사회생활을 하면서 가장 많이 쓰는 인사말 중 하나가 바로 "수고하셨습니다.", "수고하십시오."가 아닐까. 하지만 이 말은 윗사람에게는 삼가야 하는 표현이다. 분명 예의를 갖춰서 하는 말이었는데 사실은 그 반대의 경우에 해당한다. 물론 오랫동안 써왔던 말이기 때문에 인사를 하는 사람이나 받는 사람이나 대수롭지 않게 생각할 수도 있다. 하지만 언어예절에 민감한 사람이라면 기분이 상할 수도 있다. 아랫사람에게는 수고한다는 말을 써도 되지만 윗사람에게는 다른 인사말로 대체해야 한다. "애쓰셨습니다.", "먼저 퇴근합니다!", "나중에 뵙겠습니다.", "건강하세요!"와 같은 인사말로 쓰는 것이 가장 좋다.

Lesson 4 | 리허설

리허설은 실전에 앞서 예행연습을 하는 것이다. 배우만 리허설을 하는 것이 아니다. 모든 방송 프로그램의 본 촬영에 앞서 진행자 및 모든 출연자가 실제 촬영과 동일한 동선과 몸짓, 대본 리딩을 한다. 그래서 카메라와 조명, 음향 기술팀과 손발을 맞추어 실전에서 실수 없이 진행되도록 준비한다. 행사도 리허설이 중요하다. 스피치도 마찬가지이다. 스피치를 앞두고 여러 번 반복한 리허설을 통해 어색하고 부족한 부분을 찾아내고 보완해야 한다. 최종적으로 준비한 내용을 바탕으로 리허설을 해도 빈틈이 발견되기 마련이다. 리허설을 할 때는 반드시 영상으로 촬영하여 모니터링하면서 꼼꼼히 살펴봐야 한다. 손짓 하나, 끝맺음 어미 토씨 하나까지 계획한대로 해낼 수 있어야 한다. 나의 스피치는 온전히 내가 구상한 연극이라고 생각해야 한다. 반복적으로 리허설을 하면서 스피치에 대한 자신감을 얻을 수 있다. 리허설을 거친 스피치와 그렇지 않은 스피치는 엄청난 차이를 가져온다.

만약 프레젠테이션을 준비한 것이라면, 더욱 여러 차례의 연습을 해야 한다. 프레젠테이션은 생방송이다. 되돌릴 수 없고, 기회는 한 번이다. 완벽해야 한다는 것이다. 스피치 시간에 대한 체크, 시선의 움직임, 슬라이드와 스피치 내용의 일치, 나의 동선 등을 꼼꼼히 체크한다. 실제 프레젠테이션을 하는 장소에서 리허설을 할 수 있다면 더더욱 좋다. 준비한 발표 원고는 슬라이드 자료 외에 별도로 준비하며, 혹시 모를 상황을 대비해 자신의 어투인 구어체로 작성하여 준비한다. 이렇게 완벽히 준비한다고 해도 항상 변수가 존재하므로 당황하지 않도록 사전에 돌발 상황에 대한 준비도 해두는 것이 좋다.

국가대표 유도 선수의 한 인터뷰에서 부상으로 인해 3개월간 운동을 할 수 없어 침상에 누워 있었는데, 매일 경기를 하는 상상을 하니 해당 부위의 근육이 줄어들지 않고 실제로 경기를 하는 것과 똑같이 땀이 나고 경기력이 줄지 않았다고 했다. 이미지 트레이닝은 흔히 운동선수들에게 많이 쓰인다. 습득한 운동기술을 머릿속으로 그리며 운동 동작을 연습하는 것이다. 리허설은 시간과 장소 등 제약이 존재하지만, 이미지 트레이닝은 그 제약을 뛰어 넘어 충분히 연습을 하고 심리적으로 압박감이 없다. 그래서 리허설과 더불어 스피치를 앞두고 이미지 트레이닝을 하길 바란다. 모든 변수의 상황까지 상상하여 대처하는 연습을 할 수 있다. 중요한 것은, 아주 구체적으로 스피치 현장을 상상하며 연습해야 한다.

앞 장에서 이미 다 설명했지만 스피치를 잘하기 위해서는 철저히 계획하고 준비해야 한다. 탁월한 스피치를 하기 위해서는 평소 내가 얼마나 공들여 준비해야 하는지 누누이 언급했다. 준비한 내용만이 아니라 평상시 나의 자세부터 바로잡는다. 듣고 말하기, 쓰고 말하기, 말하고 듣기. 이 모든 훈련에 쏟아붓는 시간과 노력과 의지가 그대로 당신의 스피치에 투영된다. 나의 품격을 담고 이미지를 담는 것이 스피치임을 잊지 말아야 한다. 대중스피치나 면접을 위해서는 절대적으로 여유를 가져야 한다. 스피치를 위한 장소에 예정보다 조금 일찍 도착한다. 심호흡을 할 여유, 생각을 정리할 여유, 나의 모습을 체크할 여유를 가져야 한다.

TIP. 핑퐁 스피치

 오랜만에 친구를 만나러 설레는 마음으로 나갔는데 한마디도 못하고 돌아왔다면 기분이 어떨까. 다음에 그 친구를 만나러 가고 싶은 마음이 들지 않을 것이다. 많은 대중을 상대로 하는 말하기라고 해도 다를 바가 없다. 물론 일방적으로 강연자가 청중을 상대로 말을 하는 것이라 생각할 수도 있다. 하지만 강연자가 청중의 반응을 무시하고 오로지 앵무새처럼 자기 할 말만 하고 끝낸다면 그 강연은 좋은 강연일 수가 없다. 좋은 스피치를 하려면 핑퐁 스피치를 해야 한다. 강연자는 허공에 스피치를 해서는 안 된다. 청중의 눈을 보고 청중의 반응을 이끌어내며 스피치를 진행해야 한다. 때로는 적절하게 스피치 중간에 청중에게 질문을 던지는 방식도 효과적이다. 그렇지 않더라도 누구 한 사람 소외시키지 않겠다는 생각으로 청중들과 골고루 눈을 맞추고 이야기를 해야 한다. 그런 소통 없이는 좋은 스피치가 될 수 없다.

실용적인
고사성어 & 속담

실용적인 고사성어 100

실용적인 속담 100

[실용적인 고사성어 100]

1. **苛斂誅求** (가혹할 가, 거둘 렴, 베다 주, 구할 구)
   가렴주구 : 세금을 가혹하게 걷어 백성을 못 살게 구는 일.

2. **刻舟求劍** (새길 각, 배 주, 구할 구, 칼 검)
   각주구검 : 사리 판단이 어둡고 융통성이 없음.

3. **艱難辛苦** (어려울 간, 어려울 난, 매울 신, 쓰다 고)
   간난신고 : 갖은 고초를 당하여 매우 힘들고 괴로움.

4. **肝膽相照** (간 간, 쓸개 담, 서로 상, 비추다 조)
   간담상조 : 마음을 터놓고 진실하게 사귐.

5. **興盡悲來** (일다 흥, 다할 진, 슬프다 비, 오다 래)
   흥진비래 : 기쁜 일이 다하면 슬픈 일이 온다.

6. **傾國之色** (기울 경, 나라 국, 갈 지, 빛 색)
   경국지색 : 나라를 기울게 만들 만큼 뛰어난 미인.

7. **季布一諾** (끝 계, 베 포, 한 일, 허락할 낙)
   계포일낙 : 한 번 한 약속을 끝까지 지킴.

8. **牽強附會** (끌 견, 강하다 강, 붙이다 부, 모이다 회)
   견강부회 : 이치에 맞지 않는 말을 억지로 끌어다 붙임.

9. **衆口難防** (무리 중, 입 구, 어려울 난, 막다 방)
   중구난방 : 여러 사람들의 말은 막기가 어려움.

10. 堂狗風月 (집 당, 개 구, 바람 풍, 달 월)

   당구풍월 : 무식한 사람도 유식한 사람과 사귀면 견문이 넓어짐.

11. 矯角殺牛 (고치다 교, 뿔 각, 죽이다 살, 소 우)

   교각살우 : 작은 일에 힘쓰다가 큰일을 망침.

12. 燈下不明 (등잔 등, 아래 하, 아니 불, 밝을 명)

   등하불명 : 가까이 있는 것을 도리어 잘 모름.

13. 南柯一夢 (남녘 남, 자루 가, 한 일, 꿈 몽)

   남가일몽: 덧없이 지나간 한때의 부귀나 행복.

14. 百年河淸 (일백 백, 해 년, 강 하, 맑을 청)

   백년하청 : 아무리 기다리고 바라더라도 실현될 가능성이 없는 일.

15. 水魚之交 (물 수, 물고기 어, 갈 지, 사귈 교)

   수어지교 : 서로 떨어질 수 없을 만큼 친분이 깊은 사이.

16. 去者日疎 (갈 거, 놈 자, 날 일, 성기다 소)

   거자일소 : 죽거나 멀리 떨어져 있는 사람은 날이 갈수록 점점 잊혀짐.

17. 寤寐不忘 (잠 깰 오, 잠잘 매, 아니 불, 잊을 망)

   오매불망 : 자나 깨나 잊지 못함.

18. 塞翁之馬 (변방 새, 늙은이 옹, 갈 지, 말 마)

   새옹지마 : 화가 복이 될 수도, 복이 화가 될 수도 있듯이 세상일의 예측이 어려움.

19. 同價紅裳 (같다 동, 값 가, 붉을 홍, 치마 상)
  동가홍상 : 같은 값이면 좋은 것을 선택함.

20. 優柔不斷 (넉넉할 우, 부드럽다 유, 아닐 부, 끊을 단)
  우유부단 : 유약해서 결단성이 없음.

21. 龍頭蛇尾 (용 용, 머리 두, 뱀 사, 꼬리 미)
  용두사미 : 처음 시작은 야단스러웠으나 끝은 보잘것없음.

22. 兎死狗烹 (토끼 토, 죽을 사, 개 구, 삶다 팽)
  토사구팽 : 필요할 때는 쓰고 필요 없으면 버림.

23. 進退維谷 (나아갈 진, 물러날 퇴, 바 유, 막히다 곡)
  진퇴유곡 : 어려운 일을 당하여 꼼짝도 못하는 것, 궁지에 빠진 상태.

24. 粉骨碎身 (가루 분, 뼈 골, 부수다 쇄, 몸 신)
  분골쇄신 : 뼈는 가루가 되고 몸은 부수어지도록 있는 힘을 다해 노력함.

25. 一網打盡 (한 일, 그물 망, 치다 타, 다할 진)
  일망타진 : 어떤 무리를 한꺼번에 다 잡음.

26. 夫唱婦隨 (지아비 부, 부르다 창, 지어미 부, 따르다 수)
  부창부수 : 부부의 도리를 이름.

27. 識字憂患 (알다 식, 글자 자, 근심 우, 근심 환)
  식자우환 : 학식이 있는 것이 도리어 근심을 사게 됨.

28. 感之德之 (느끼다 감, 갈 지, 덕 덕, 갈 지)

감지덕지 : 몹시 고맙게 생각함.

29. **甘呑苦吐** (달다 감, 삼킬 탄, 쓰다 고, 토할 토)

감탄고토 : 달면 삼키고 쓰면 뱉듯이 신의를 돌보지 않고 사리를 꾀함.

30. **亡羊之歎** (망할 망, 양 양, 갈 지, 한숨 쉴 탄)

망양지탄 : 학문의 길이 다방면이어서 진리를 깨닫기 어려움.

31. **望洋之歎** (바랄 망, 바다 양, 갈 지, 한숨 쉴 탄)

망양지탄 : 다른 사람의 위대함을 보고 자신의 미흡함을 부끄러워함.

32. **隱忍自重** (숨길 은, 참을 인, 스스로 자, 무거울 중)

은인자중 : 괴로움을 참고 몸가짐을 조심함.

33. **輾轉反側** (돌아누울 전, 구르다 전, 돌이키다 반, 곁 측)

전전반측 : 근심으로 인하여 이리저리 뒤척이며 잠을 이루지 못함.

34. **陰德陽報** (그늘 음, 덕 덕, 볕 양, 갚다 보)

음덕양보 : 남모르게 덕을 쌓은 사람은 반드시 뒤에 복을 받음.

35. **十目所視** (열 십, 눈 목, 바 소, 보다 시)

십목소시 : 세상 사람을 속일 수 없음.

36. **臨渴掘井** (임할 임, 목마르다 갈, 파다 굴, 우물 정)

임갈굴정 : 준비 없이 갑자기 일을 당하여 허둥지둥함.

37. **至誠感天** (지극할 지, 정성 성, 느끼다 감, 하늘 천)

지성감천 : 지극한 정성으로 하면 어려운 일도 이루어지고 풀림.

38. **咸興差使** (모두 함, 일다 흥, 어긋날 차, 하여금 사)

함흥차사 : 깜깜무소식이거나 회답이 더딤.

39. 邯鄲之步 (고을이름 한, 조나라 서울 단, 갈 지, 걸음 보)
한단지보 : 제 분수를 잊고 무턱대고 남을 흉내 내다 이것저것 다 잃음.

40. 紅爐點雪 (붉을 홍, 화로 로, 점 점, 눈 설)
홍로점설 : 사욕이나 의욕이 일시에 꺼져 없어지고 마음이 탁 트여 맑아짐.

41. 含哺鼓腹 (머금다 함, 먹다 포, 북 고, 배 복)
함포고복 : 배불리 먹고 즐겁게 지내는 것.

42. 汗牛充棟 (땀 한, 소 우, 가득할 충, 용마루 동)
한우충동 : 수레에 실으면 소가 땀을 흘리고 방에 쌓으면 들보에 닿을 정도로 많은 책.

43. 表裏不同 (겉 표, 속 리, 아닐 부, 같다 동)
표리부동 : 마음이 음흉하여 겉과 속이 다르거나 말과 행동이 다름.

44. 狐假虎威 (여우 호, 거짓 가, 범 호, 위엄 위)
호가호위 : 남의 권세를 빌어 위세를 부림.

45. 畵蛇添足 (그림 화, 뱀 사, 더할 첨, 발 족)
화사첨족 : 하지 않아도 될 쓸데없는 일을 덧붙여 결국 일을 그르침.

46. 錦上添花 (비단 금, 위 상, 더할 첨, 꽃 화)
금상첨화 : 좋은 일에 좋은 일이 더하여짐.

47. 雪上加霜 (눈 설, 위 상, 더할 가, 서리 상)

설상가상 : 난처한 일이나 불행한 일이 계속해서 일어남, 엎친 데 덮친 격.

48. 首鼠兩端 (머리 수, 쥐 서, 둘 양, 단정할 단)
수서양단 : 어느 쪽으로도 마음을 정하지 못하고 의심하여 주저함.

49. 守株待兎 (지키다 수, 그루터기 주, 기다릴 대, 토끼 토)
수주대토 : 낡은 관습만을 고집하여 지키고, 새로운 시대에 순응하지 못함.

50. 安貧樂道 (편안할 안, 가난할 빈, 즐길 낙, 길 도)
안빈낙도 : 구차하고 궁색하면서도 구속되지 않고 편안하게 즐기는 마음으로 살아감.

51. 間於齊楚 (사이 간, 어조사 어, 가지런할 제, 초나라 초)
간어제초 : 약자가 강자의 틈에 끼여서 괴로움을 받음.

52. 南橘北枳 (남쪽 남, 귤 귤, 북쪽 북, 탱자 지)
남귤북지 : 사람은 처해 있는 곳에 따라 선하게도 악하게도 됨.

53. 車載斗量 (수레 거, 싣다 재, 말 두, 헤아릴 량)
거재두량 : 물건이나 인재 등이 아주 많음.

54. 累卵之勢 (묶을 누, 알 란, 갈 지, 형세 세)
누란지세 : 알을 쌓아 놓은 듯 매우 위태로운 형세.

55. 吾鼻三尺 (나 오, 코 비, 석 삼, 자 척)
오비삼척 : 곤경에 처해 자기 일도 감당할 수 없어 남을 도울 여유

가 없음.

56. **易地思之** (바꿀 역, 땅 지, 생각 사, 갈 지)
    역지사지 : 처지를 서로 바꾸어 상대방의 처지에서 생각함.

57. **走馬看山** (달릴 주, 말 마, 볼 간, 뫼 산)
    주마간산 : 바빠서 자세히 살피지 않고 대강 보고 지나감.

58. **格物致知** (격식 격, 물건 물, 이를 치, 알 지)
    격물치지 : 사물의 이치를 구명하여 자기의 지식을 확고하게 함.

59. **斷機之戒** (끊을 단, 틀 기, 갈 지, 경계할 계)
    단기지계 : 학문을 중단하는 것은 짜던 베의 날을 끊어버리는 것처럼 아무런 공이 없음.

60. **姑息之計** (시어머니 고, 쉬다 식, 갈 지, 꾀 계)
    고식지계 : 근본 해결책이 아니라 당장의 편안함을 꾀하는 일시적 방편.

61. **見蚊拔劍** (볼 견, 모기 문, 뽑다 발, 칼 검)
    견문발검 : 보잘것없는 작은 일에 지나치게 큰 대책을 세움.

62. **日就月將** (날 일, 나아갈 취, 달 월, 장수 장)
    일취월장 : 날로 달로 성장하고 발전함.

63. **我田引水** (나 아, 밭 전, 끌 인, 물 수)
    아전인수 : 자기 이익을 먼저 생각하고 억지로 자기에게 이롭도록 꾀함.

64. **錦衣夜行** (비단 금, 옷 의, 밤 야, 다닐 행)

금의야행 : 아무 보람 없는 행동 혹은 입신출세하여 고향으로 돌아가지 않음.

65. 登高自卑 (오를 등, 높을 고, 스스로 자, 낮을 비)

등고자비 : 모든 일은 순서를 밟아야 함. 지위가 높아질수록 스스로를 낮춤.

66. 沙上樓閣 (모래 사, 위 상, 다락 누, 집 각)

사상누각 : 기초가 약해 무너질 염려가 있는 일, 혹은 실현 불가능한 일.

67. 白面書生 (흰 백, 낯 면, 글 서, 날 생)

백면서생 : 글만 읽고 세상일에 어두운 사람.

68. 好事多魔 (좋을 호, 일 사, 많을 다, 마귀 마)

호사다마 : 좋은 일에는 방해되는 일이 많음.

69. 愚公移山 (어리석을 우, 공평 공, 옮길 이, 뫼 산)

우공이산 : 어떤 큰일이라도 끊임없이 노력하면 반드시 이루어짐.

70. 欲速不達 (하고자할 욕, 빠르다 속, 아닐 부, 통달할 달)

욕속부달 : 서두르면 도리어 목적에 도달하지 못하게 된다.

71. 漁父之利 (고기 잡을 어, 아버지 부, 갈 지, 이롭다 리)

어부지리 : 둘이 다투는 틈을 타서 엉뚱한 제삼자가 이익을 가로챔.

72. 昏定晨省 (어두울 혼, 정할 정, 새벽 신, 살필 성)

혼정신성 : 자식이 아침저녁으로 부모의 안부를 물어서 살핌.

73. 溫故知新 (따뜻할 온, 옛 고, 알 지, 새로울 신)

온고지신 : 옛것을 익혀 새것을 앎.

74. 群鷄一鶴 (무리 군, 닭 계, 한 일, 학 학)

군계일학 : 여러 평범한 사람들 가운데 뛰어난 한 사람.

75. 孤掌難鳴 (외로울 고, 손바닥 장, 어려울 난, 울다 명)

고장난명 : 상대방 없이 싸울 수 없고 혼자서는 일을 이룰 수 없다.

76. 耕當問奴 (밭갈 경, 마땅하다 당, 묻다 문, 종 노)

경당문노 : 일은 항상 그 분야 전문가와 상의하고 행하여야 한다.

77. 一罰百戒 (한 일, 벌할 벌, 일백 백, 경계할 계)

일벌백계 : 한 가지 죄나 한 사람을 벌주어 여러 사람의 경각심을 불러일으킴.

78. 絶長補短 (끊을 절, 긴 장, 기울 보, 짧을 단)

절장보단 : 장점으로 단점을 보충함.

79. 遠禍召福 (멀다 원, 재앙 화, 부르다 소, 복 복)

원화소복 : 화를 멀리하고 복을 부른다.

80. 切磋琢磨 (끊을 절, 갈다 차, 다듬을 탁, 갈다 마)

절차탁마 : 학문이나 인격을 갈고닦음.

81. 赤手空拳 (붉을 적, 손 수, 비다 공, 주먹 권)

적수공권 : 맨손과 맨주먹처럼 아무것도 가진 것이 없다.

82. 快刀亂麻 (쾌할 쾌, 칼 도, 어지러울 난, 삼 마)

쾌도난마 : 어지러운 일을 시원하게 처리함.

83. **佳人薄命** (아름다울 가, 사람 인, 엷을 박, 목숨 명)
가인박명 : 아름다운 사람은 명이 짧다.

84. **含憤蓄怨** (머금을 함, 분할 분, 모을 축, 원망할 원)
함분축원 : 분을 품고 원한을 쌓음.

85. **換骨奪胎** (바꿀 환, 뼈 골, 빼앗을 탈, 잉태하다 태)
환골탈태 : 얼굴이나 모습이 이전에 비해 몰라보게 좋아짐.

86. **針小棒大** (바늘 침, 작을 소, 막대 봉, 큰 대)
침소봉대 : 작은 일을 크게 과장하여 말함.

87. **菽麥不辨** (콩 숙, 보리 맥, 아니 불, 분별하다 변)
숙맥불변 : 사물을 잘 분별하지 못하는 어리석고 못난 사람.

88. **阿鼻叫喚** (언덕 아, 코 비, 부르짖을 규, 부를 환)
아비규환 : 여러 사람이 비참한 지경에 처하여 고통을 헤어나려 비명을 지르며 몸부림침.

89. **過猶不及** (지나다 과, 오히려 유(움직일 요), 아니 불, 미칠 급)
과유불급 : 모든 사물이 정도가 지나치면 도리어 아니한 것만 못함.

90. **刮目相對** (긁다 괄, 눈 목, 서로 상, 대할 대)
괄목상대 : 남의 학식이나 재주가 놀랄 만큼 갑자기 향상됨.

91. **囊中之錐** (주머니 낭, 가운데 중, 갈 지, 송곳 추)

낭중지추 : 재능이 아주 빼어난 사람은 숨어 있어도 저절로 남의 눈에 드러남.

92. **塗炭之苦** (진흙 도, 숯 탄, 갈 지, 쓰다 고)
도탄지고 : 가혹한 정치로 말미암아 백성이 심한 고통을 겪음.

93. **綠陰芳草** (초록 녹, 그늘 음, 꽃다울 방, 풀 초)
녹음방초 : 여름의 아름다운 경치.

94. **桑田碧海** (뽕나무 상, 밭 전, 푸를 벽, 바다 해)
상전벽해 : 세상의 변화가 매우 심함.

95. **天攘之判** (하늘 천, 흙덩이 양, 갈 지, 판단할 판)
천양지판 : 하늘과 땅 사이와 같이 엄청난 차이.

96. **見利思義** (볼 견, 이로울 리, 생각 사, 옳을 의)
견리사의 : 눈앞에 이익을 보고 먼저 의로움을 생각함.

97. **敬而遠之** (공경 경, 말 잇다 이, 멀 원, 갈 지)
경이원지 : 공경은 하되 가까이하지는 않음.

98. **兼人之勇** (겸할 겸, 사람 인, 갈 지, 날쌜 용)
겸인지용 : 혼자서 능히 몇 사람을 당해낼 만한 용기.

99. **口蜜腹劍** (입 구, 꿀 밀, 배 복, 칼 검)
구밀복검 : 겉으로는 친절하나 마음속은 음흉한 것.

100. **權謀術數** (권세 권, 꾀할 모, 재주 술, 셈 수)
권모술수 : 목적을 위해 남을 교묘하게 속이는 모략이나 술수.

[실용적인 속담 100]

1. **가는 날이 장날이다**
   : 뜻하지 않은 일이 우연히 잘 들어맞음.

2. **가는 말이 고와야 오는 말이 곱다**
   : 내가 남에게 바르게 대해야 남도 내게 잘 한다는 말.

3. **가랑비에 옷 젖는 줄 모른다**
   : 사소한 것이라도 무시할 수 없을 정도로 커짐.

4. **가랑잎이 솔잎더러 바스락거린다고 한다**
   : 제 결점이 큰 줄 모르고 남의 작은 허물을 탓한다는 말.

5. **가재는 게 편이라**
   : 됨됨이나 형편이 비슷하고 인연 있는 것끼리 서로 편이 되어 어울리고 사정을 보아줌을 이르는 말.

6. **가지 많은 나무에 바람 잘 날 없다**
   : 자녀가 많은 사람은 걱정이 떠날 때가 없다.

7. **간에 가 붙고 쓸개에 가 붙는다**
   : 제게 조금이라도 이로운 일이라면 체면과 뜻을 어기고 아무에게나 아첨한다는 뜻.

8. **간에 기별도 안 간다**
   : 조금밖에 먹지 못하여 제 양에 차지 않을 때 쓰는 말.

9. 간이 콩알만 해지다

    : 겁이 나서 몹시 두려워진다는 뜻.

10. 갈수록 태산

    : 어려운 일을 당할수록 점점 어려운 일이 닥쳐온다는 뜻.

11. 값싼 것이 비지떡

    : 무슨 물건이고 값이 싸면 품질이 좋지 못하다는 뜻.

12. 같은 값이면 다홍치마

    : 이왕이면 자기에게 득이 많은 것으로 택한다는 말.

13. 개구리 올챙이 적 생각을 못 한다

    : 자기의 지위가 높아지면 미천하던 때의 생각을 못 한다는 뜻.

14. 개밥에 도토리

    : 여러 사람 속에 어울리지 못하는 사람을 뜻하는 말.

15. 개천에서 용 난다 :

    변변치 못한 집안에서 훌륭한 인물이 나왔을 때 쓰는 말.

16. 고기는 씹어야 맛이요, 말은 해야 맛이라

    : 마음속으로만 끙끙거리고 애타하지 말고 할 말은 속 시원히 해야 한다는 말.

17. 고래 싸움에 새우 등 터진다

    : 힘센 사람들끼리 서로 싸우는 통에 공연히 약한 사람이 그 사이에 끼여 아무 관계없이 해를 입을 때 쓰는 말.

18. 고양이 목에 방울 달기

 : 실행하기 어려운 일을 공연히 의논함을 빗대어 이르는 말.

19. 공든 탑이 무너지랴

 : 힘을 다하고 정성을 다하여 한 일은 헛되지 않아 반드시 좋은 결과를 얻는다는 뜻.

20. 구더기 무서워 장 못 담글까

 : 다소 방해되는 일이 있다 하더라도 마땅히 할 일은 해야 한다는 말.

21. 구슬이 서 말이라도 꿰어야 보배라

 : 아무리 훌륭한 일이라도 완전히 끝을 맺어 놓아야 비로소 가치가 있다는 말.

22. 귀에 걸면 귀걸이, 코에 걸면 코걸이

 : 한 가지의 것이 이런 것도 같고 저런 것도 같아 어느 쪽으로 결정짓기 어려운 일을 두고 하는 말.

23. 그림의 떡

 : 보기는 하여도 먹을 수도 없고 가질 수도 없어 실제에 아무 소용이 없는 경우를 이르는 말.

24. 금강산도 식후경

 : 아무리 좋은 것, 재미있는 일이 있더라도 배가 부르고 난 뒤에야 좋은 줄 안다.

25. 뛰는 놈 위에 나는 놈 있다

: 아무리 재주가 있다 하여도 그보다 나은 사람이 있는 것이니 너무 자랑하지 말라는 뜻.

26. 까마귀 날자 배 떨어진다

: 아무 관계없이 한 일이 공교롭게도 다른 일과 때를 같이하여 둘 사이에 무슨 관계라도 있는 듯 의심을 받을 때 쓰는 말.

27. 꿩 대신 닭

: 쓰려는 것이 없을 때, 비슷한 것으로 대신 쓸 수도 있다는 말.

28. 꿩 먹고 알 먹기

: 한 가지 일을 하고 두 가지 이익을 볼 때 쓰는 말.

29. 남의 잔치에 감 놓아라 배 놓아라 한다

: 쓸데없이 남의 일에 간섭한다는 뜻.

30. 낫 놓고 기역자도 모른다

: 글자라고는 아무것도 모르는 몹시 무식한 사람을 이르는 말.

31. 낮말은 새가 듣고 밤말은 쥐가 듣는다

: 아무도 안 듣는 데서라도 말을 항상 조심해야 한다는 뜻.

32. 내 코가 석 자

: 내 사정이 급해서 남의 사정까지 돌볼 수가 없다는 말.

33. 누워서 침 뱉기

: 남을 해치려다 도리어 자기 자신이 해를 입는다는 말.

34. 늦게 배운 도둑이 날 새는 줄 모른다
: 나이 들어서 시작한 일에 몹시 골몰한 사람을 두고 이름.

35. 다 된 죽에 코 풀기
: 다 된 일을 망쳐 놓았다는 뜻.

36. 달면 삼키고 쓰면 뱉는다
: 제게 이로우면 이용하며, 필요하지 않을 때에는 버린다는 뜻.

37. 닭 잡아먹고 오리발 내민다
: 나쁜 일을 하고 간사한 꾀로 숨기려 할 때 쓰는 말.

38. 도둑이 제 발 저리다
: 지은 죄가 있으면 자연히 마음이 조마조마하여짐.

39. 돌다리도 두들겨 보고 건너라
: 잘 아는 일이라도 조심하여 실수 없게 하라는 뜻.

40. 되로 주고 말로 받는다
: 남을 조금 건드렸다가 도리어 일을 크게 당한다는 뜻.

41. 등잔 밑이 어둡다
: 제게 가까운 일을 먼 데 일보다 오히려 모른다는 뜻.

42. 땅 짚고 헤엄치기
: 땅을 짚고 헤엄치듯이 아주 쉽게 할 수 있는 일을 가리켜 하는 말.

43. 똥 묻은 개가 겨 묻은 개 나무란다

: 자기는 더 큰 흉이 있으면서 도리어 남의 작은 흉을 탓한다는 뜻.

44. 마른하늘에 날벼락

: 뜻밖에 입는 재난을 이르는 말.

45. 말 한마디에 천 냥 빚도 갚는다

: 말을 잘 하면 큰 빚도 갚을 수 있다는 말로, 말의 중요성을 나타낸 말.

46. 목구멍이 포도청

: 먹고살기 위해서는 어떤 일이라도 하게 된다는 뜻.

47. 못된 송아지 엉덩이에 뿔이 난다

: 되지못한 사람이 건방지고 좋지 못한 짓을 한다는 뜻.

48. 믿는 도끼에 발등 찍힌다

: 믿던 일이 뜻밖에 실패한다는 말.

49. 밑 빠진 독에 물 붓기

: 아무리 노력하고 애써도 보람이 나타나지 않을 때 쓰는 말.

50. 바늘 도둑이 소 도둑 된다

: 나쁜 행실일수록 점점 더 크고 심하게 되니 아예 나쁜 버릇은 길들이지 말라는 뜻.

51. 배보다 배꼽이 더 크다

: 마땅히 작아야 할 것이 오히려 클 때를 비유해서 이르는 말.

52. **백지장도 맞들면 낫다**

    : 아무리 쉬운 일도 혼자 하는 것보다 협력하는 것이 훨씬 낫다는 말.

53. **벼룩의 간 빼 먹기**

    : 극히 적은 이익을 부당한 수단을 써서 착취한다는 말.

54. **병 주고 약 준다**

    : 일이 안 되도록 방해하고는 도와주는 척한다는 뜻.

55. **보기 좋은 떡이 먹기도 좋다**

    : 겉모양이 좋으면 속의 내용도 좋다는 뜻.

56. **빛 좋은 개살구**

    : 겉만 번지르르하고 실속이 없다는 뜻.

57. **사공이 많으면 배가 산으로 간다**

    : 간섭하는 사람이 많으면 일이 잘 안 된다는 뜻.

58. **새 발의 피**

    : 지극히 적은 분량을 말함.

59. **서당 개 삼 년에 풍월을 읊는다**

    : 무식한 사람이라도 유식한 사람과 같이 오래 지내면 자연히 견문이 생긴다는 말.

60. **세 살 버릇 여든까지 간다**

: 어려서부터 좋은 버릇을 들여야 한다는 뜻.

61. 소문난 잔치에 먹을 것 없다

    : 소문난 것이 흔히 실지로는 보잘것없다는 말.

62. 소 잃고 외양간 고친다

    : 이미 일을 그르치고 난 뒤 뉘우쳐도 소용이 없다는 뜻.

63. 쇠뿔도 단김에 빼랬다

    : 어떤 일을 하려고 생각하였으면 망설이지 말고 곧 행동으로 옮기라는 뜻.

64. 수박 겉 핥기

    : 내용이나 참뜻은 모르면서 대충 일하는 것을 비유하는 말.

65. 식은 죽 먹기

    : 어떤 일이 아주 하기 쉽다는 말.

66. 십 년이면 강산도 변한다

    : 십 년이란 세월이 흐르면 세상에 변하지 않는 것이 없다는 말.

67. 아는 길도 물어 가라

    : 아무리 익숙한 일이라도 남에게 물어보고 조심함이 안전하다는 뜻.

68. 아니 땐 굴뚝에 연기 나랴

    : 반드시 원인이 있어야 결과가 생긴다는 뜻.

69. 아닌 밤중에 홍두깨

: 예고도 없이 뜻밖의 일이 생겼을 때 하는 말.

70. **약방에 감초**

    : 어떤 일에나 빠짐없이 참여하는 사람을 말함.

71. **어물전 망신은 꼴뚜기가 시킨다**

    : 못난 자일수록 그와 같이 있는 동료를 망신시킨다는 말.

72. **열 길 물속은 알아도 한 길 사람 속은 모른다**

    : 사람의 마음은 알기가 어렵다는 뜻.

73. **열 번 찍어 아니 넘어가는 나무 없다**

    : 여러 번 계속해서 애쓰면 어떤 일이라도 이룰 수 있다는 뜻.

74. **오뉴월 감기는 개도 아니 앓는다**

    : 여름철에 감기 걸린 사람을 조롱하는 말.

75. **오르지 못할 나무는 쳐다보지도 마라**

    : 될 수 없는 일은 바라지도 말라는 뜻.

76. **옥에 티**

    : 아무리 좋아도 한 가지 결점은 있다는 말.

77. **우물에 가서 숭늉 찾는다**

    : 일의 순서도 모르고 성급하게 덤빈다는 뜻.

78. **울며 겨자 먹기**

    : 싫은 일을 억지로 마지못해 함을 나타내는 말.

79. 원수는 외나무다리에서 만난다

: 남에게 악한 일을 하면 그 죄를 받을 때가 반드시 온다는 뜻.

80. 원숭이도 나무에서 떨어진다

: 아무리 능숙한 사람도 실수할 때가 있다는 말.

81. 윗물이 맑아야 아랫물도 맑다

: 윗사람이 잘하면 아랫사람도 따라서 잘하게 된다는 뜻.

82. 자라 보고 놀란 가슴 솥뚜껑 보고 놀란다

: 무엇에 한 번 혼난 사람이 그와 비슷한 것만 보아도 깜짝 놀란다는 말.

83. 작은 고추가 더 맵다

: 겉으로는 대수롭지 않게 보이는 사람이 하는 일이 더 다부지다는 뜻.

84. 잘 자랄 나무는 떡잎부터 알아본다

: 앞으로 크게 될 사람은 어려서부터 장래성이 엿보인다는 말.

85. 종로에서 뺨 맞고 한강에서 눈 흘긴다

: 욕을 당한 자리에서는 아무 말도 못하고 딴 데 가서 화풀이를 한다는 뜻.

86. 좋은 약은 입에 쓰다

: 듣기 싫고 귀에 거슬리는 말이라도 제 인격 수양에는 이롭다는 뜻.

87. 쥐구멍에도 볕 들 날이 있다

: 고생만 하던 사람도 운수가 터져 좋은 시기를 만날 때가 있다는 말.

88. 지렁이도 밟으면 꿈틀한다

    :아무리 보잘것없는 사람이라도 너무나 업신여기면 성을 낸다는 뜻.

89. 천 리 길도 한 걸음부터

    :무슨 일이든 그 시초가 중요하다는 뜻.

90. 칼로 물 베기

    :다투다가도 좀 시간이 흐르면 이내 풀려 두 사람 사이에 아무 틈이 생기지 않는다는 뜻.

91. 콩 심은 데 콩 나고 팥 심은 데 팥 난다

    :모든 일은 원인에 따라 결과가 생긴다는 말.

92. 티끌 모아 태산

    :작은 것이라도 모이면 큰 것이 된다는 뜻.

93. 핑계 없는 무덤 없다

    :무엇을 잘못하고도 여러 가지 이유로 책임을 회피하려는 사람을 두고 하는 말.

94. 하늘의 별 따기

    :지극히 어려운 일을 두고 하는 말.

95. 하늘이 무너져도 솟아날 구멍이 있다

    :아무리 큰 재난에 부딪히더라도 그것에서 벗어날 길은 있다는 뜻.

96. 하룻강아지 범 무서운 줄 모른다

: 아직 철이 없어서 아무것도 모르는 것을 두고 하는 말.

97. 한 귀로 듣고 한 귀로 흘린다
: 남의 말을 유념해서 듣지 않고 건성으로 듣는 것을 이름.

98. 한술 밥에 배부르랴
: 무슨 일이고 처음에는 큰 성과를 기대할 수 없다는 말.

99. 함흥차사라
: 어떤 일로 심부름 간 사람이 떠난 뒤로 돌아오지 않거나 아무 소식이 없다는 뜻.

100. 호랑이도 제 말 하면 온다
: 그 자리에 사람이 없다고 하여 남의 흉을 함부로 보지 말라는 뜻.